Karl König

Kaspar Hauser

Kaspar Hauser, in der ersten Zeit im Nürnberger Gefängnis, Juni 1828. Bleistiftzeichnung von Konrad Hitz (1798 – 1866), einer der wenigen Künstler, die ihn tatsächlich gesehen haben.

Karl König

Kaspar Hauser

Das Kind Europas

Herausgegeben von Peter Selg und Richard Steel

Verlag Freies Geistesleben

Karl König Werkausgabe
Abteilung 10: Geistesgeschichte

Karl König Archive
Camphill

2. Auflage 2024

Verlag Freies Geistesleben
Landhausstraße 82, 70190 Stuttgart
geistesleben.com

Frontispiz: Kaspar Hauser von Konrad Hitz

Weitere Details zur Karl König Werkausgabe sowie ergänzende Dokumente zu den einzelnen Bänden finden Sie bei «Publikationen» unter karlkoeniginstitute.org

ISBN 978-3-7725-2422-6

Layout & Herstellung: Bianca Bonfert
Druck und Bindung: Print Best, Viljandi
Printed in Estonia

MIX
Papier | Fördert gute Waldnutzung
FSC® C129413

ClimateCalc
Der CO2-Ausstoß dieses Druckproduktes wurde mit ClimateCalc berechnet und kompensiert: South Pole
www.climatecalc.eu CC-000113/EE

Inhalt

Vorwort

Noch immer berührt die Geschichte von Kaspar Hauser die Herzen der Menschen. Jahr für Jahr werden Bücher und Streitschriften geschrieben über dieses unglückliche Kind, diesen seltsamen Jüngling, diesen verstoßenen Prinzen. Und immer wieder bewegt die Botschaft dieses Schicksals aufs Neue das menschliche Gewissen. Ist es nicht merkwürdig, dass eine so einfache Geschichte nicht vergessen wird? Ist es nicht eine geheimnisvolle Kraft, die sie am Leben hält? Gibt es in der Geschichte nicht viele verstoßene Prinzen und ermordete Herrscher, die ihrer Sukzession beraubt wurden? Warum steht gerade dieses Kind vor uns wie ein Mahnmal, das unser besseres Ich wachruft und uns auffordert, es nicht zu vergessen?

Karl König fühlte sich der «Wesenheit» Kaspar Hausers zeitlebens tief verbunden. Hausers Gestalt war seinem Herzen «nah» – *das Kind Europas,* wie Otto von Pirch Hauser in einem Brief an Gottfried von Tucher bereits im April 1830 genannt hatte. Sein Schicksal bewegte König bis zu seinem Tod, das Los des «Findlings» und unschuldigen Opfers, dem seine Herkunft und Kindheit geraubt worden waren, die Fundamente seines Lebens und Wirkens. Mit einem «Abgrund» hinter sich, so König, durchlebte Kaspar Hauser eine kurze Biographie und starb an den Folgen eines grausamen Mordanschlages, in der verhinderten Entfaltung seiner eigentlichen Individualität. König verstand dies mit Karl Heyer und Rudolf Steiner im weltgeschichtlichen Zusammenhang, in der geistig-politischen Geschichte Mitteleuropas im 19. Jahrhundert und ihren Folgen, die weit über Europa hinausreichten. Ebenso intensiv aber war er mit Kaspar Hausers besonderem Seelenwesen beschäftigt, mit seiner eigentümlichen «Reinheit», sozialen Ausstrahlung und Friedfertigkeit. Nicht nur die Tragik seines Lebensganges, sondern auch die unvergessliche Wirkung seines Wesens berührte die Menschen seit seinem Auftauchen in Nürnberg zu Pfingsten 1828, wie König früh verstand. Kaspar Hauser erschien an einem umschriebenen geschichtlichen Zeitpunkt, am Ausgang der Epoche des deutschen Idealismus und im Anbeginn des naturwissenschaftlichen «Herrschaftssystem» (König), der kommenden technologischen Umgestaltung und Manipulation der Erde, die das «Bild des Menschen» verschatteten, wenn nicht zu vernichten suchten. In diese Zeit, so König, trug Kaspar Hauser das «reine Bild des Menschlichen» hinein – unter sehr besonderen Umständen und mit einer eigentümlichen Größe der hilflosen Ohnmacht und des Leidens.

Karl König war nicht nur als «Privatperson», sondern auch als Arzt und Heilpädagoge tief von Kaspar Hauser ergriffen. Ihm wurde, wie sein Biograph Hans Müller-Wiedemann beschrieb, Hausers Lebensgeschichte im Laufe der Jahre «urbildlich zur Lebensgeschichte des behinderten Kindes, seiner Stellung in der Welt und unserer Aufgaben seiner Erziehung». In der Zeit des nationalsozialistischen Völkermordes und der industriell betriebenen «Vernichtung lebensunwerten Lebens», begann Karl König seine Camphill-Bewegung, als jüdischer Flüchtling im Norden Schottlands, mit einer kleinen Gruppe gleichgesinnter Freunde. Er kämpfte gegen die «Trägheit» des Herzens, für das Lebensrecht und die unersetzliche Bedeutung der ihm anvertrauten «behinderten» Menschen, deren besondere Selbstlosigkeit er begriff und für die er sich zeitlebens einsetzte:

> Tritt nicht jedes der sogenannten schwer erziehbaren, zurückgebliebenen Kinder in ähnlicher Art wie Kaspar Hauser ins Leben?

> Arm, unbekannt, ein Rätsel und dennoch Segen spendend dort, wo offene Herzen ihm begegnen?[1]

Die sogenannten «behinderten» Kinder, Jugendlichen und Erwachsenen bezeichnete König noch kurz vor seinem Tod als die eigentlichen «Lehrer» der Menschheit und Vorbereiter der Zukunft:

> In kommenden Zeiten wird man auf unser Jahrhundert zurückschauen und sagen, das sind die Menschen, die allmählich lernen mussten, dass die Außenseiter diejenigen sind, die uns wieder zurückzuführen begonnen haben zum Pfad der Redlichkeit. Denn es ist ja so, dass die, die wir als die Letzten betrachten, im Grunde genommen diejenigen sind, die die Ersten sein werden. Die sind es, aus deren Opfer wir leben ...[2]

Karl König vertrat die Notwendigkeit einer «grundlegenden Herzenserkenntnis» im Bereich der Heilpädagogik und Sozialtherapie, eine Herzenserkenntnis, «die der Bedrohung des innersten Menschseins heilend entgegentritt».[3] In sehr direkter Weise sah er einen Zusammenhang zwischen dem Schicksal, aber auch den Fragen und Herausforderungen, die mit Kaspar Hausers Leben verbunden sind, und der heilpädagogisch-sozialtherapeutischen Arbeit:

> Wir erfahren das Wunder und die Würde unserer eigenen Kindheit, wenn wir von seinem [Kaspar Hausers] Leben und Sterben lesen und wir erinnern uns daran, dass wir nicht nur sterbliche Materie sind, sondern ein unsterblicher und integraler Teil der ganzen Schöpfung. Kinder mit Behinderungen bewegen unser Herz in ähnlicher Weise. Auch sie erinnern uns an unser höheres und besseres Selbst.[4]

Die geistige Gestalt Kaspar Hausers wurde für König in dieser Weise zunehmend zum realen «Schutzpatron» der heilpädagogischen Bewegung und der ihr zugehörigen Menschen – zum Begleiter der Betreuten und Betreuenden, ihrer inneren Gemeinschaft. Er sah ihn indirekt auch im *Heilpädagogischen Kurs* Rudolf Steiners wirksam.

*

Der hier vorgelegte Band der Werkausgabe umfasst Texte von Karl König sowie einige Studien, die deren Umraum und Sinngestalt weiter ausleuchten und verständlich machen. «Die Geschichte Kaspar Hausers», die den Band eröffnet, schrieb Karl König 1961, im 100. Geburtsjahr Rudolf Steiners – für die Mitarbeiter der Camphill-Gemeinschaft zu Weihnachten (in englischer Sprache in der Zeitschrift *The Cresset*). Sie entstand nach Königs «Ortsbegehungen» von Nürnberg und Ansbach im November 1961 – bezeichnenderweise im Umkreis von Vorträgen, die er in Nürnberg über «Gedächtnis und Gewissen» hielt. Richard Steel, der Königs Text neu übersetzte, geht in seinem Aufsatz nicht nur den Entstehungsumständen nach, sondern untersucht Königs lebenslange Auseinandersetzung mit der Gestalt Kaspar Hausers, auch in autobiographischer Orientierung. Karl König erfuhr auf seinem Lebensweg und mit seiner Gemeinschaft Ausgrenzung und Ausschluss – und seine leidvolle Geschichte mit der Anthroposophischen Gesellschaft begann an Pfingsten 1928, mit der negativen Rezeption eines embryologischen Vortrages in der Dornacher Schreinerei. «Eingedenk der Daten» (Celan) studierte König die verborgenen Zusammenhänge, die *ein* Aspekt der von ihm erlebten Nähe waren, unter Berücksichtigung kosmologischer Zusammenhänge. Diese werden durch den Kommentar von Alan Thewless zu Königs Horoskop-Zeichnungen zumindest in Umrissen nachvollziehbar. – Nach der einführenden «Geschichte von Kaspar Hauser» beinhaltet der vorliegende Band einen weiteren, originären Text Karl Königs, der bereits 1943 entstand, bisher nur in Abschriften verbreitet war und hier erstmals in seiner Ganzheit veröffentlicht wird: *Kaspar Hauser. Eine Art Requiem.* Dieses «Requiem» schrieb König – nach intensiven Vorarbeiten – unmittelbar nach dem Tod Ita Wegmans im März 1943 in seinem Tagebuch nieder. Einigen der komplexen Bezüge dieses ungewöhnlichen Textes und seiner Widmung an Ita Wegman geht die Studie von Peter Selg nach. – Schließlich dokumentiert der Band Königs Einsatz für die hervorragende Publikation des Historikers Karl Heyer über Kaspar Hauser, die ihr Autor 1958 als Manuskriptdruck im Eigenverlag herausbrachte, nachdem alle angefragten anthroposophischen Verlage seine profunde Ausarbeitung zurückgewiesen hatten («Kaspar Hauser und das Schicksal Mitteleuropas im 19. Jahrhundert»). König erkannte unmittelbar den besonderen Wert dieses Werkes, das mittlerweile in vierter Auflage im Perseus Verlag (Basel) zugänglich ist. Karl Heyer sammelte und sichtete als erster die (nahezu ausschließlich) mündlich tradierten Aussagen Rudolf Steiners zu Hausers besonderem Wesen und Lebensgang, seiner spirituellen Eigenart und Bedeutung – und stellte diese in einen großen geschichtlichen Horizont. «Jetzt erst beginnt man wirklich zu begreifen, was das Herz immer geahnt, aber niemals klar gewusst hat», schrieb König am 1. Januar 1959 an Heyer in seinem Dankesbrief, der im Anhang dieses Bandes abgedruckt ist und seiner Rezension des Heyerschen Werkes vorausging.

*

Nach der gelungenen Flucht vor der nationalsozialistischen Verfolgung, kurz vor der Begründung seiner heilpädagogischen Arbeit in Schottland, notierte sich Karl König Ende 1938 in London:

> Könnten wir nicht ein Stück der wahren europäischen Bestimmung aufgreifen und es in einen Samenkorn verwandeln, so dass etwas von seiner wahren Mission gerettet würde? Ein Stück von seiner Humanität, seiner inneren Freiheit, seiner Friedensliebe

> und seiner Würde? [...] sollten wir nicht versuchen, etwas von diesem Europa zu verwirklichen? [...] nicht mit Worten, sondern mit Taten zu verwirklichen? Zu dienen und nicht zu herrschen, zu helfen und nicht zu kränken [...][5]

In dieser Zielsetzung und inneren Haltung arbeitete Karl König lebenslang für die «Seelenpflege-bedürftigen Kinder», und erlebte sich und die Gemeinschaft darin von Kaspar Hauser, dem «Kind Europas», geistig wirksam unterstützt. Das Erscheinen dieses Bandes der Karl König Werkausgabe im 200. Geburtsjahr Kaspar Hausers (*29. September 1812) versucht, diesen Zusammenhängen zumindest skizzenhaft Rechnung zu tragen.

Ita Wegman Institut, Arlesheim *Peter Selg*
April 2012

Die Geschichte von Kaspar Hauser

von Karl König*

* Aus dem Englischen übersetzt von Richard Steel.

Als ich vor Kurzem auf einer Vortragsreise in Europa war, konnte ich die meisten Orte besuchen, wo Kaspar Hauser während seines kurzen Lebens gelebt hat. Am Pfingstmontag 1828 war er in Nürnberg aus dem Nichts heraus erschienen und blieb dort fast vier Jahre lang. Im Dezember 1831 musste er nach Ansbach ziehen, wo er zwei Jahre später – am 14. Dezember 1833 – brutal überfallen wurde. Drei Tage später starb er an den Folgen der starken Verletzung. Das Rätsel dieses Mordes wurde nie gelöst.

Als er in Nürnberg erschien, war er etwa 16 Jahre alt, doch niemand konnte herausfinden, wer er war und woher er kam, obwohl viele Versuche unternommen wurden, das Geheimnis seiner Herkunft zu enträtseln; viele Vermutungen und die unterschiedlichsten Theorien kamen auf.

Nach mehr als hundert Jahren ist er für uns genauso im Dunkeln wie zu seiner Zeit. Viele Fäden führten dazu, eine fürstliche Herkunft am Karlsruher Hof anzunehmen, doch konnte dieser Verdacht nie direkt bewiesen werden. Er wurde rasch als «das Kind Europas» weithin bekannt, wurde aber genauso rasch vom Tode hinweggerafft. Ein Kind war erschienen, das Hilfe wie Hindernis zu erfahren hatte; manche liebten ihn, viele verehrten ihn sogar, doch war er denjenigen verhasst, die nie an die Existenz eines höheren Lebens glauben wollten.

Ansbach

Auf dem St. Johann-Friedhof in Ansbach findet man Kaspar Hausers Grab, unscheinbar zwischen den anderen Grabsteinen unter einem kleinen Goldregen-Strauch trägt der einfache Stein die Inschrift:

HIC JACET CASPARUS HAUSER
AENIGMA SUI TEMPORIS
IGNOTA NATIVITAS
OCCULTA MORS

Hier ruht Kaspar Hauser – das Rätsel seiner Zeit;
unbekannter Geburt, geheimnisvoll der Tod.

Diese Worte stimmen heute noch; hunderte von Büchern haben versucht, dieses Schicksal zu enträtseln, viele davon gaben vor, die Wahrheit zu enthüllen, aber keines konnte es. Der Goldregen breitet seine Äste über das Grab und warnt Besucher davor, seine Früchte zu kosten; sie sind von Gift durchsetzt, obwohl die Blüten und Blätter versucherisch schön sind.

Wunderbares aber auch Gefährliches strahlt von diesem Grab aus.

Wir verlassen den Ort und nähern uns wieder der Stadt. Sie ist klein, mit engen Gassen und altehrwürdigen Häusern im Zentrum. Zwei alte Kirchen überragen die Dächer, und das Schloss der Ansbacher Fürsten – im majestätischen Barockglanz – säumt die Hauptstrasse. In unmittelbarer Nähe ist der große und schön gestaltete Schlossgarten, wo Kaspar Hauser seine tödliche Wunde empfing.

An dieser Stelle steht eine achteckige Sandsteinsäule, umschlossen von einem Kreis Sträucher und überschattet von majestätischen Bäumen. Wieder ist eine Inschrift zu sehen:

HIC
OCCULTUS
OCCULTO
OCCISUS
EST

Hier wurde ein Unbekannter von einem Unbekannten ermordet.

Wer war dieser *Unbekannte,* dessen merkwürdiges Schicksal die Menschen noch heute beschäftigt?

Die Säule steht mitten im Dickicht, die Bäume und Sträucher schweigen und die gelegentlichen Passanten bemerken die Ermahnung nicht.

Alles bleibt verborgen, verhüllt und bewahrt durch das Schweigen eines vergangenen Jahrhunderts.

Ein Mann wurde angeheuert, den jungen Unbekannten zu ermorden. Der Mann wurde nie gefunden, obwohl manche wussten, wer dahinter stand und die dreißig Silberlinge für den Verrat bezahlt hat. Selbst die Polizei war in die Verschleierung der mörderischen Tat verwickelt und die Richter verzichteten darauf, die Wahrheit zu finden und den Schuldigen zu verurteilen.

Das Grab bedeckt die Überreste des Jünglings und die einsame Stätte im Park verdeckt sein Geheimnis.

Unsere Schritte wenden sich wieder der Stadt zu und wir gehen den gleichen Weg, den Kaspar Hauser unmittelbar nach der Erdolchung gehen musste. Angsterfüllt floh er vor dem Unbekannten, der ihn überfallen hatte, und lief so gut er konnte nach Hause. Dieses Haus steht immer noch, ist lediglich renoviert worden und trägt nur eine kleine Tafel, die es als Wohnstätte Kaspar Hausers ausweist.

Man staunt über den langen Weg, den er zurücklegen musste, um sein Zimmer zu erreichen. Der Dolch ist unter dem Herzen in den Leib eingedrungen, das Zwerchfell wurde durchstoßen und die Leber verletzt. Der Blutverlust war beträchtlich. Stolpernd gelangte er zu dem Haus, doch seine Pflegeeltern glaubten seine Geschichte nicht und nahmen an, dass er phantasiert. Er durfte sich zwar hinlegen, doch erst später am Tag, als der Hausarzt gerufen wurde, erkannte man das Ausmaß der Verwundung.

Drei Tage lang hatte er die Macht des nahenden Todes zu durchleiden, doch von Frieden erfüllt, bewahrte er stets eine Haltung der Ruhe. Kurz vor dem Todesaugenblick fragte ihn der Pfarrer, ob er etwas zu beichten habe. Er antwortete:

> Ich habe alle Menschen um Verzeihung gebeten, die ich kenne! Warum sollte ich nicht ruhig sein; der liebe Gott wird mich nicht verlassen.

Viele Menschen standen um sein Sterbebett, Freunde und Feinde: die Pflegeeltern, die ihm seine letzten zwei Lebensjahre fast unerträglich gemacht hatten; der Pfarrer, der ihm sehr hilfreich zur Seite gestanden war; die Ärzte, die Polizisten und einige andere. Er glitt im Todeskampf hinweg und hinterließ ihnen das Rätsel seines Schicksals und seines Wesens. Manche sahen in ihm den Betrüger, andere den armen Narren, wenige das unschuldige Opfer einer grausamen Untat. War er nicht vielleicht alles das auf einmal? Ein unschuldiges Opfer, das zu einem Betrüger werden musste, weil ihm seine eigentliche Herkunft entrissen und es seiner Kindheit unwiederbringbar beraubt wurde.

Während der zwei Ansbacher Jahre hatte man versucht, aus dem Jüngling einen Erwachsenen zu machen; als untergebener Gerichtsschreiber ging er täglich an seine Arbeit im Appelationsgericht, absolvierte seine Unterrichtsstunden und nahm an Festlichkeiten der gehobeneren Gesellschaftsschicht teil, flirtete mit manchen jungen Damen, tanzte und machte bei den damals üblichen Spielen mit. Doch konnte er nie die nagende Ungewissheit seines Daseins abschütteln, das Fehlen der Eltern und die Leere seiner Kindheitsjahre. Hinter ihm gähnte der Abgrund, vor ihm dehnte sich die Unwägbarkeit.

So waren wir vor dem einfachen Haus seines Lebens und Sterbens, nahmen dann die nächste Gasse, die uns aus der Enge in die Weite eines Platzes führte. Dort, in der Nähe der Johannes-Kirche, hat vor Kurzem die Stadt Ansbach ein Heimatmuseum eingerichtet, in dem ein Raum Kaspar Hauser gewidmet ist. Da fanden wir uns umgeben von Gemälden, Büchern und Vitrinen.

Mitten in dem Raum, in zwei großen Glaskästen, sind die Kleidungsstücke ausgestellt, die er an dem Tag der tödlichen Verwundung getragen hatte. Da sind seine Hose, der Mantel, die Weste und das Hemd. Der tödliche Dolchstoß hatte alle Stoffe durchschnitten und Blutspuren hinterlassen. Auch seine hohen Stiefel, sein Zylinder und seine Uhr sind zu sehen.

Manche seiner Briefe und Schulhefte sind ausgestellt und wunderschöne Aquarelle mit sehr fein gemalten Blumen und Früchten. Die

Briefe zeigen eine ordentliche Schrift mit Inhalten, die einem freundlich-warmen Herzen entspringen.

An den Wänden sind Porträts von ihm und von den Menschen, die ihm halfen oder ihn hinderten. Es ist eine faszinierende Sammlung von menschlichen Antlitzen. Dort ist der Bürgermeister von Nürnberg, Binder; da Baron von Tucher, sein erster Vormund. Wir sehen Professor Daumer, in dessen Haus er drei Jahre lebte und der sein größter Freund und Gönner gewesen ist, und Anselm von Feuerbach, damals einer der bekanntesten Richter, der ein besonderes Interesse an Kaspar Hauser fand und der das erste Buch über ihn schrieb.

Dann ist dort auch das Porträt der recht zweifelhaften und zwielichtigen Gestalt des Grafen Stanhope zu sehen, der sein offizieller Adoptivvater war; neben ihm sein Lehrer Meyer und dessen Frau; der Pfarrer Fuhrmann und schließlich der Arzt Heidenreich. Von manchen sind auch Briefe ausgestellt und Bücher und Broschüren, die sie schrieben.

Das Erscheinen und der Tod Kaspar Hausers machten damals einen tiefen und weitreichenden Eindruck auf tausende von Menschen seiner Zeit; über sein Schicksal wurde in ganz Europa diskutiert und Menschen der höheren wie auch der niederen Stände waren von dem tragischen Los des Findlings bewegt.

Wir gehen nun von Bild zu Bild, von Vitrine zu Vitrine, und allmählich füllt sich unsere Seele mit dem Wesen Kaspar Hausers. Wir können seine Milde erleben, seinen Schmerz und sein Leid wie auch seine Unschuld spüren. Vor diesen Überresten ist es unmöglich, sich ihn als Betrüger vorzustellen. Er war ein leiderfülltes Menschenwesen, außerstande, das Schicksal zu verstehen, das er zu tragen hatte, das er aber dennoch mit einem Gefühl der gottgegebenen Pflicht annahm, und dadurch wurde er zum «Kind Europas».

Wir verlassen den Raum und gehen die Treppe hinunter. Draußen geht die Sonne in wunderbarem Glanz unter; die Farben durchfluten die Straßen und tauchen Häuser und Kirche in ihr Licht. Es ist, als ob diese himmlischen Farben das Wunder von Kaspar Hauser zum Ausdruck bringen würden. Denn einst lebte ein unschuldiger Mensch in dieser Stadt, doch kaum jemand hat sein wahres Wesen erkannt.

Nürnberg

Noch vor dreißig Jahren war diese Stadt eines der deutschen Wunder gewesen; sie bestand aus Reihen alter Häuser, schönen Gassen und weiten Plätzen, die dem Besucher etwas von dem Geist der Zeit offenbarten, als Nürnberg zu den Mittelpunkten europäischer Kultur zählte – es war die Zeit von Hans Sachs und Albrecht Dürer, Veit Stoß und Adam Kraft. Als Hitler die Stadt zu der seinen machte und die großen Versammlungen der Nazi-Partei diesen wunderbaren Ort usurpierten, starb ihre Ehre von Jahr zu Jahr dahin. Während des Krieges wurde sie im Bombensturm fast völlig zerstört und unmittelbar danach wurde dort die Farce der Kriegsverbrecherprozesse inszeniert. Was übrig blieb, ist wie eine Karikatur der gewesenen Größe.

Wenige Spuren findet man noch von Kaspar Hauser; sein Gedenken ist verschwunden und wir können nur den Versuch machen, die Eröffnungsszenen seiner Tragödie nachzuspielen.

Am Pfingstmontag, den 26. Mai 1828, tauchte plötzlich auf einem kleinen Platz in Nürnberg ein etwa 16-jähriger Jüngling auf. Er hielt einen Brief in der Hand und trug alte, schäbige Kleider. Er konnte nur einige Worte hervorstoßen, die er beständig wiederholte, war aber unfähig, auf irgendeine Frage zu antworten. Seine Füße waren wund und er verstand nicht, was man ihm sagte. Offensichtlich peinigten ihn Schmerzen und Unbehagen sehr, aber auch die Polizei war nicht in der Lage, weitere Auskunft aus ihm herauszubekommen. Da sich niemand um ihn kümmern wollte, wurde er in einen alten Turm der Stadtmauer gesperrt. Ein freundlicher Wärter nahm sich seiner an und entdeckte bald, dass die einzige Nahrung, die sein Gefangener zu sich nehmen konnte,

Brot und Wasser waren. Der Jüngling war wie ein Kind; er spielte mit dem Spielzeug der kleinen Tochter des Wärters. Tagsüber saß er nur auf dem Boden und schlief immer wieder ein. Er war kaum in der Lage, sich selbst anzuziehen, noch konnte er seine Umgebung erkennen. Offenbar beherrschte er nur die wenigen Worte, die er bei seinem plötzlichen Auftauchen hervorgestoßen hatte. Er war freundlich, zufrieden und bedürfnislos. Immer mehr Menschen kamen, ihn zu sehen, doch ihre Gegenwart störte ihn nicht, solange sie ruhig blieben.

An einem der ersten Tage im Gefängnis marschierte eine Musikkapelle vorbei; der Klang der Instrumente versetzte ihn in furchtbare Angst. Seine Überempfindlichkeit gegenüber Licht und Geräuschen, Geruch und Geschmack war außerordentlich. Beim Duft einer Blume wurde er ohnmächtig und der Genuss eines kleinen Stückes Fleisch löste heftiges und wiederholtes Erbrechen und Fieber aus.

Andererseits vermochte er in der Dunkelheit zu sehen. Nachts konnte er Gegenstände klar erkennen und von Weitem nahm er auch den schwächsten Geruch wahr. Professor Daumer, der bald sein Lehrer werden sollte, hat hierüber zahlreiche und genaue Beobachtungen aufgezeichnet.[1]

Anfangs besaß Kaspar Hauser nicht die Fähigkeit, Lebewesen von unbeseelten Gegenständen zu unterscheiden. So fragte er eines Tages seinen ersten Vormund, den Freiherrn von Tucher, warum eine Steinfigur im Garten, die mit Moos und Schmutz bedeckt war, sich nicht wasche. Sonne und Mond konnte er nicht erkennen und entfernte Gegenstände nannte er klein, weil ihm die Vorstellung von Ferne und Nähe unbekannt war; ein räumliches Sehvermögen war zunächst nicht vorhanden.

Tiere wurden zahm, wenn er sich ihnen nahte; jede Katze und jeder Hund, sogar Pferde und Bullen konnten sich ihm nähern, ohne ängstlich oder aggressiv zu werden. So wurde er aus dieser frühen Zeit beschrieben:

> Sein reiner offener schuldloser Blick [...] seine unbeschreibliche Sanftmut, seine alle seine Umgebungen anziehende Herzlichkeit und Gutmütigkeit, [...] die ebenso aufrichtige als rührende Ergebenheit an alle diejenigen, welche häufig mit ihm umgehen und ihm Gutes erweisen, sein Vertrauen aber auch gegen alle anderen Menschen, seine Schonung des kleinsten Insekts, seine Abneigung gegen alles, was einem Menschen oder Tier nur den leisesten Schmerz verursachen könnte, seine unbedingte Folgsamkeit und Willfährigkeit zu allem Guten ebenso sehr als seine Freiheit von jeder Unart und Untugend ...[2]

Unter Daumers Führung lernte Kaspar Hauser nach und nach sprechen, lesen und schreiben. Mit schnellen Schritten eignete er sich den gesamten Sprachbereich an. Bald entdeckte er auch die Welt um ihn herum: die Pflanzen, die Tiere, Raum und Zeit, die Gestirne und die Erscheinungen des Wetters und der Atmosphäre; dabei war ihm alles gänzlich neu – er war ein Jüngling, mit Herz und Verstand eines kleinen Kindes, das sich erst die ganze Welt der Erscheinungen und Erfahrungen erobern muss.

Je mehr Kaspar Hauser lernte, sich mit Worten verständlich zu machen, umso deutlicher erinnerte er sich der Zeit, die vor seinem Auftauchen in Nürnberg lag. Im Februar 1829 berichtete er:

> Das Gefängnis, in dem ich bis zu meiner Freilassung lebte, war etwa fünf bis sechs Schuh lang, vier Schuh breit und fünf Schuh hoch. Die zwei schmalen Fenster waren durch dunkles Holz verschlichtet. Auf dem Boden lag Stroh, worauf ich zu sitzen und zu schlafen pflegte. Meine Füße waren von Knien an mit einer Decke bedeckt. Neben meiner Lage auf der linken Seite war im Erdboden ein Loch, worin ein Topf angebracht war; es war auch ein Deckel darüber, den ich wegschieben musste und immer wieder darüber deckte. Die Kleider, die ich in dem Gefängnis getragen habe, waren ein Hemd, kurze Hosen, in denen aber das Hinterteil fehlte, dass

ich meine Notdurft verrichten konnte [...]. Meine Nahrungsmittel waren nichts anderes als Brot und Wasser, an Wasser hatte ich zuweilen Mangel, Brot war immer genug da. Ich hatte zwei hölzerne Pferde und einen Hund, mit denen ich mich immer unterhalten habe, ich hatte Bänder von roter und blauer Farbe, damit putzte ich die Pferde und den Hund, aber manchmal fielen sie herunter, weil ich sie nicht binden konnte. Wenn ich erwachte, lag das Stück Brot neben mir und ein Krüglein Wasser, zuerst griff ich nach dem Wasser, um meinen Durst zu stillen, dann aß ich Brot, hierauf nahm ich die Pferde und putzte sie eine Zeitlang.[3]

Das ist die einfache Geschichte von Kaspar Hausers Leben vor seinem Auftauchen in Nürnberg. Er muss viele Jahre in Einsamkeit gelebt haben und wusste nicht einmal, dass außer ihm noch Menschen existierten. Seine Zelle war so niedrig, dass er darin nicht aufrecht stehen konnte; sein Kopf hätte wohl die Decke berührt, wenn er sich hätte hinknien können – doch war er nicht einmal dazu in der Lage, denn er war mit einem Riemen an die Wand gebunden, sodass er nur sitzen und seinen Körper ein wenig nach rechts oder links bewegen konnte. Das Notwendige an Essen und Trinken wurde ihm dann gebracht, wenn er schlief, und so wurden ihm auch manchmal Haare und Nägel geschnitten oder Hemd und Hose umgezogen. Als er in Nürnberg erschien, war seine Haut mit einer dicken Schmutzschicht bedeckt, die nur allmählich gelöst werden konnte.

Das Gefängnis wurde nur von dem schummerigen Licht von zwei kleinen Fenstern erleuchtet, die teils durch aufgeschichtetes Holz verstellt waren. So lebte er in einer halbdunklen Welt, ohne Menschen, ohne wirkliches Licht. Er erhielt keine richtige Nahrung, keine Abwechselung der Eindrücke, weder Liebe noch Güte – nichts von dem, was ein Kind oder Jüngling zum Leben braucht.

Seine Fußsohlen waren das Laufen nicht gewohnt und deswegen mit blutenden Blasen übersät, als man ihn in Nürnberg fand, und sein

Körper konnte nichts außer Brot und Wasser aufnehmen. Seine Sinne jedoch, durch die einsame Dunkelheit geschärft, waren überempfindlich und hoch gespannt für die vielen neuen und aufregenden Eindrücke.

Wir wissen nicht, wie lange er gefangen gehalten wurde, jedoch wissen wir heute, wo sein Gefängnis war. 1924 wurde ein Buch veröffentlicht,[4] das mit einer Fülle von Beweismaterial den tatsächlichen Schauplatz belegt; die Autorin glaubt, ihn auf einem Gut in der Umgebung Nürnbergs entdeckt zu haben, das sie für sich gekauft hatte. Ein zugemauerter versteckter Raum entsprach der Beschreibung, die Kaspar Hauser von seinem Gefängnis gegeben hatte, und das Stroh, auf dem er gelegen haben muss, bedeckte noch den Boden, das Loch zur linken Seite und auch Reste seiner Kleidung waren zu finden. Es kann also kaum bezweifelt werden, dass dieses Haus – Schloss Pilsach – jahrelang die grauenvolle Behausung von dem *Kind Europas* gewesen ist.

Sobald Kaspar sprechen, lesen und schreiben gelernt hatte und so in der Lage war, die Erinnerung an seine frühen Jahre mitzuteilen, wurde er zur Gefahr für diejenigen, die für seine Einkerkerung verantwortlich waren. So konnte es geschehen, dass er am 17. Oktober 1829 in Daumers Haus überfallen wurde und eine tiefe Stirnwunde davontrug. Schwerer Blutverlust und ein tiefer Schock waren die Folgen. Daumers Mutter fand ihn im Keller des Hauses, bewusstlos in einer Blutlache liegend. Nur langsam erholte er sich von diesem ersten Mordanschlag. In der Woche vor diesem Überfall hatte er kaum gewagt, ohne Begleitung durch die Stadt zu gehen. Daumer berichtet, dass Kaspar völlig verängstigt war und von einem *dunklen Mann* sprach, der ihn verfolge. Er war sicher, dass es dann derselbe Mann gewesen ist, der ihn in Daumers Haus überfiel.

Sein Vormund, Freiherr von Tucher, sorgte sich um seine Sicherheit und veranlasste im Dezember 1829 seine Übersiedlung in die Wohnung des Ratsherrn Biberbach. Im Mai 1830 nahm er ihn in seinem eigenen Schloss auf, wo er bis zur Übersiedlung nach Ansbach lebte.

Während dieser Jahre versuchte man immer wieder, Licht in seine Herkunft und Vergangenheit zu bringen. Wenn man jedoch irgendwelche Fäden entdeckt hatte, wurden sie von unbekannter Hand wieder zerrissen; Akten verschwanden, Briefe und Botschaften erreichten nicht ihre Empfänger. Menschen, die es wagten, von Hausers adliger Abstammung zu sprechen, erhielten Drohbriefe. Trotz dieser bedrohlichen Maßnahmen konzentrierte sich der Verdacht auf den Hof des badischen Großherzogs in Karlsruhe.

Karlsruhe

Hier steht das schöne Schloss des Großherzogs des Landes Baden. Es ist ein großes, dreiflügeliges Gebäude, umgeben von einem weitläufigen Park mit Alleen und Spazierwegen, ein stattliches Schloss aus dem 18. Jahrhundert.

Am 29. September 1812 wurde der Erbe des regierenden Großherzogs Karl von Baden geboren. Karl war bereits sechs Jahre mit Stephanie Beauharnais verheiratet, ehe sein erster Sohn geboren wurde. 1811 hatte er die Nachfolge seines Großvaters angetreten, weil sein Vater schon zehn Jahre zuvor gestorben war.[5] Stephanie Beauharnais war eine Nichte von Josephine, Napoleons erster Frau. Der Kaiser fand solchen Gefallen an dem schönen Mädchen, dass er ihm den Status einer natürlichen Tochter verlieh. Für einige Jahre lebte Stephanie am Pariser Hof wie eine Prinzessin. 1806 verheiratete Napoleon sie mit dem Großherzog Karl von Baden, einem faulen und leichtsinnigen Trunkenbold. Die Ehe war unglücklich und Stephanie verließ mehrmals ihren Mann.

Der neugeborene Erbprinz starb einige Tage nach der Geburt und wurde standesgemäß in der Familiengruft des Schlosses beigesetzt. Fünf Jahre später wurde ein zweiter Sohn geboren, doch auch er starb in frühem Kindesalter. Nun war der Weg zum Thron frei für die Söhne einer anderen Frau, der Erzherzogin Hochberg, die in morganatischer Ehe mit dem Großvater des regierenden Großherzogs gelebt hatte. Stephanie aber hatte weitreichende Verbindungen. Sie war nicht nur Napoleons geliebte Tochter, sondern auch eng mit dem Zaren Alexander I. von Russland befreundet und hatte darüber hinaus freien Zugang zu allen Herrscherfamilien ihrer Zeit. Wäre ihr erster Sohn am Leben geblieben, so hätte er als Nachfolger seines Vaters mächtigen Einfluss gehabt.

Viele Indizien weisen darauf hin, dass das zu Michaeli 1812 geborene Kind nicht gestorben, sondern versteckt und ein anderer Säugling an seiner Stelle beerdigt worden war. Bereits 1816 fand ein Fischer im Rhein eine Flasche, die folgenden mysteriösen Brief (in lateinischer Sprache) enthielt:

> Wer immer diesen Brief finden mag: Ich bin gefangen im Verließ in der Nähe von Lauffenburg am Rhein. Mein Gefängnis ist unter der Erde. Der jetzt auf meinem Thron sitzt, kennt den Platz nicht. Ich kann nicht mehr schreiben, weil ich ständig und grausam bewacht werde. Die Unterschrift lautete: S. Hanes Prancio.[6]

Als diese Botschaft gefunden wurde, konnte sie niemand verstehen, doch nach Kaspar Hausers Erscheinen brachte man sie mit seinem Schicksal in Verbindung. Wer den Brief geschrieben hat, ist nicht bekannt, vielleicht jemand, der von dem Verbrechen wusste, es aber nicht aushalten konnte, dieses Wissen für sich zu behalten, und auf diesem Wege sein Gewissen entlasten wollte. Viele andere Zeichen weisen auf die Identität des Kindes hin, das Großherzog von Baden hätte werden sollen. Man hat ihm nicht nur seinen Thronanspruch, sondern auch das Glück seiner Kindheit und Jugend geraubt. Das Ziel seiner Verfolger war es schließlich, seine Identität und Individualität zu zerstören. War seine Mutter dafür verantwortlich oder sein Vater? Stand der Kaiser Napoleon selbst dahinter, oder diejenigen, die seinen einzigen Sohn, den König von Rom, beiseiteschafften? Wir haben keine Gewissheit darüber.

Das Karlsruher Schloss ist im Zweiten Weltkrieg zerstört worden und nur der mittlere Teil wurde wieder aufgebaut. Zur Zeit sieht man noch die Ruinen von den beiden großen Seitenflügeln; leer und schwarz sind die Fensterhöhlen. Der riesige alte Turm hinter dem Schloss hat eine gewisse Ähnlichkeit mit der Gedenksäule im Ansbacher Park, an dem Ort, wo Kaspar Hauser ermordet wurde. Beide – der Turm und das Denkmal – sind achteckig. Sollte dies ein weiteres Zeichen dafür sein, dass das Ende in Ansbach mit dem Anfang in Karlsruhe in Beziehung steht? Dass dem Herrscher von Baden ein Sohn geboren und dieses Kind gefangen gehalten wurde? Zunächst bei Lauffenburg, später in Pilsach, um es schließlich auszusetzen, weil man glaubte, es könne nun keinen Schaden mehr anrichten? Doch sein Geist setzte sich allmählich durch und musste geopfert werden.

Das Kind Europas

Noch immer berührt die Geschichte von Kaspar Hauser die Herzen der Menschen. Jahr für Jahr werden Bücher und Streitschriften geschrieben über dieses unglückliche Kind, diesen seltsamen Jüngling, diesen verstoßenen Prinzen. Und immer wieder bewegt die Botschaft dieses Schicksals aufs Neue das menschliche Gewissen. Ist es nicht merkwürdig, dass eine so einfache Geschichte nicht vergessen wird? Ist es nicht eine geheimnisvolle Kraft, die sie am Leben hält? Gab es im Lauf der Geschichte nicht viele verstoßene Prinzen und ermordete Herrscher, die ihrer Sukzession beraubt wurden? Warum steht gerade dieses Kind vor uns wie ein Mahnmal, das unser besseres Ich wachruft und uns auffordert, es nicht zu vergessen? Kaspar Hauser durchschritt seine Zeit, als wäre er ein Zeichen und Symbol für die Zukunft Europas. Schon seine Zeitgenossen nannten ihn daher *das Kind von Europa*. Als er 1828 erschien, war Europa nach außen hin friedlich, innerlich jedoch war es zerrissen und gepeinigt. Noch waren die Auswirkungen der Napoleonischen Kriege zu spüren, Nationalismus breitete sich aus, die Ideen des

Liberalismus führten Tausende zur Auflehnung gegen die herrschenden Klassen. In Russland, Frankreich, Österreich und Italien bildeten sich revolutionäre Gruppen und die Regierungen versuchten vergeblich, diesen neuen Trend zu unterdrücken.

Zur gleichen Zeit erlebte die große Wiedergeburt des Geistes in Kunst und Literatur, Musik und Philosophie allmählich ihren Niedergang; durch Jahrzehnte hatte sie Europa mit den wunderbarsten Blüten ihrer besonderen Schaffenskraft durchdrungen. Schiller und Fichte waren bereits gestorben, Goethe und Hegel waren alt, die großen Dichter der Romantik waren verschwunden, Keats und Shelley, Novalis und Hölderlin tot oder stumm. Eine neue Generation war im Anmarsch: Darwin war schon geboren, auch Fechner und Lister, ebenso Pasteur, Claude Bernard, Helmholtz und Virchow. Mit ihnen zog ein neues Zeitalter auf die Bühne der Geschichte. Agnostizismus und Materialismus verbanden sich mit den Wissenschaften und gründeten so den verhängnisvollsten Ehebund des 19. Jahrhunderts.

Genau in dem Jahr, in dem Kaspar Hauser in Nürnberg erschien, gelang es Wöhler, die Substanz *Urea* in seinem Labor synthetisch herzustellen. So wurde zum ersten Mal eine chemisch-organische Verbindung künstlich erzeugt. Im selben Jahr veröffentlichte K. E. von Baer sein grundlegendes Werk über die Entwicklung des Hühnerembryos, in dem er in Einzelheiten die Entwicklungsstadien der Leibbildung aus dem befruchteten Keim heraus beschrieb. Diese beiden Entdeckungen öffneten die Tür für das neue Herrschaftssystem der Naturwissenschaften. Und genau zu diesem Zeitpunkt erschien Kaspar Hauser in der Welt, ein unschuldiges Kind, das weder sprechen noch denken konnte. Er zeigte manche hellsichtigen Fähigkeiten und eine seltsame Macht über wilde Tiere. Seine Herzenskräfte waren groß und seine Liebe war so stark, dass er Mitleid und Güte weckte in allen, die ihm begegneten. Er stellte das Bild des unschuldigen Menschen schlechthin dar, strahlte Gutes und Anmut aus, aber er war auch schwach und wehrlos; kein Anzeichen von Aggression war ihm anzumerken, keine Besitzgier und kein Ehrgeiz.

Die unnatürliche Einsamkeit, die er durchzumachen hatte, ließ ihn in einem Zustand der Ohnmacht, der Unberührtheit und der Unschuld verharren: Ein Jüngling war als argloses Kind erschienen, das Urbild von Keuschheit, Armut und Gehorsam. Diese drei großen christlichen Tugenden wurden an ihm erlebbar und diese Dreiheit des Guten machten sein Wesen aus. Menschen wurden im Umkreis seines Wesens still und nachdenklich, wurden ihrer eigenen Schwächen gewahr und konnten sie sich eingestehen. Männer wie Frauen wurden durch seinen Anblick zu Tränen gerührt, doch war es nicht die Tragik seines Schicksals, sondern vielmehr die unmittelbare Wirkung seines Wesens selbst, die einen solchen bleibenden Eindruck auf sie machte.

Als er später lesen und schreiben gelernt, sich an gewöhnliche Nahrung gewöhnt und sein Denken in üblicher Weise trainiert hatte, verloren sich allmählich seine früheren Fähigkeiten. Er blieb eine liebenswürdige Persönlichkeit, war aber nun auch fähig, ein lügenhaftes oder schmeichelhaftes Wort zu sprechen. Trotzdem bewahrte er seinen natürlichen Charme und Zauber und war erfüllt von hohen Idealen. So schrieb er einmal in einem Brief:

> Wenn du nicht genügend Kraft hast, gut zu sein, so musst du den Mut haben, die Menschen nicht glauben zu lassen, du seiest gut. Warum willst du so zu sein scheinen, wie du doch nicht vom Herzen sein kannst? Die Meinung der Anderen kann dich niemals zu dem machen, was du nicht wirklich bist.[7]

Die Reinheit seines Herzens drückt sich in seinen Worten aus.

Dieses reine Bild des Menschlichen, das Urbild des Menschen selbst erschien zu einer Zeit, als die Kräfte der Dunkelheit, unter dem Deckmantel der materialistischen und agnostischen Wissenschaften, im Begriff waren, die Welt zu erobern. Ihr Angriff vollzog sich in gigantischen Dimensionen. Sie drangen ein in Schulen und Universitäten, in Politik und Medizin, in Kunst und Technik. Nie zuvor hatte die Menschheit einen solchen Ansturm erleiden müssen. Dunkle Wolken eines oberflächlichen Verstandes durchzogen die menschliche Vernunft. Diese Wolken wurden *Aufklärung* genannt und ihre Träger gaben vor, Wohltäter der Menschheit zu sein.

Nur wenige versuchten, sich vor der drohenden Gefahr zu warnen; einer von ihnen war der Dichter und Philosoph Friedrich Schlegel. Gerade im selben Jahr, 1828, hielt er vor einem ausgewählten Zuhörerkreis in Wien Vorlesungen über das Thema *Die Philosophie der Geschichte.*[8] Dort beschrieb er die verschiedenen Ströme der geschichtlichen Entwicklung und beendete die 18. und letzte Vorlesung mit einer sehr starken Ermahnung. Er forderte, dass nicht nur das politische und kulturelle Leben, sondern auch die Wissenschaften durch christlichen Geist erneuert werden müssten. Und er gibt der Überzeugung Ausdruck, dass nur durch eine völlige religiöse Erneuerung des Staates und der Wissenschaften der göttliche Wille und das Christentum triumphieren und ihren Sinn hier auf Erden erfüllen könnten.

Das Gegenteil ereignete sich im Verlauf des darauf folgenden Jahrhunderts. Nicht das Christentum, sondern der Agnostizismus eroberte die Welt. Kaspar Hauser, dessen Bestimmung gewesen war, eine wesentliche Rolle in der Durchchristung des europäischen sozialen Lebens zu spielen, der die Gesellschaft mit christlichen Ideen durchdringen sollte, wurde beseitigt.[9] Seine Individualität wurde unterdrückt und gefoltert und so in ihrer Entfaltung behindert. Als er schließlich etwas von seinem wahren Wesen wiedergefunden hatte, wurde er ermordet. Der 14. Dezember 1833 war einer der schwärzesten Tage in der modernen Geschichte. Durch den Mord an Kaspar Hauser war es möglich geworden, dass hundert Jahre später ein Mensch wie Hitler die politische Macht in Deutschland an sich reißen konnte. Hitler wurde getrieben und gestützt von denselben Kräften, die Kaspar Hauser, das Kind von Europa, vernichtet hatten.

In den Tiefen unserer Seele können wir Kaspar Hauser als eine Art Sündenbock erleben, der eine Art prophetischer Warnung dem gegenüber zur Erscheinung brachte, was sich seither ereignet hat. Dies ist einer der Gründe, warum er nicht vergessen wird. Unser Gewissen gemahnt uns, sein Andenken lebendig zu halten, und er hat schon eine Stellung eingenommen, ähnlich einer Figur in den europäischen Mythologien. Romane, Lieder, Dramen und Gedichte werden über ihn geschrieben. Die Kraft seines Opfers und die Tragik seines Schicksals berühren unsere Herzen immer wieder in neuen Schichten des Mitleidens.

Sein Wesen erweckt Mitleid, sein Schicksal erzeugt Liebe und Mitgefühl. Wir sind tief bewegt, wenn wir die Geschichte seines Lebens und Sterbens lesen, obwohl seine Taten nicht heldenhaft sind, sondern Zeichen des Leidens in völliger Ergebenheit und Demut. Seine Niederlage, nicht sein Sieg ist unsterblich. Er trägt ein aufopferndes Schicksal, das er aber mit einer überwältigenden Unschuld erfüllt.

Kaspar Hauser erlitt ein ähnliches Schicksal wie Isaak, der zur Geburtsstunde des jüdischen Volkes am Altar geopfert werden sollte. Durch die Gnade Gottes wurde der Widder anstelle des Erstgeborenen angenommen. In ähnlicher Weise sollte zu Beginn des griechischen Zeitalters Iphigenie auf dem Altar zu Aulis geopfert werden. Die Göttin Diana trug sie hinweg und eine Hirschkuh wurde an ihrer Stelle geopfert. Isaaks Opfer vollzog sich zu Anfang der jüdischen Geschichte. Dieses Volk hatte die Aufgabe, die Kraft mathematischen Denkens zu entwickeln und dafür hellseherische Fähigkeiten aufzugeben. Aus diesem Grunde war es diesem Volk untersagt, sich fernerhin ein Bild Gottes zu machen. Sie waren gezwungen, es zu denken, aber nicht mehr unmittelbar wahrzunehmen.

Einen ähnlichen Schritt unternahmen die griechischen Helden, als sie gegen Troja zogen. Östliche Hellsichtigkeit musste überwunden werden, damit griechische Philosophie, gegründet auf logischem Denken, beginnen konnte. Agamemnon und Achill, Ajax und Odysseus kämpften für die Zukunft ihres Volkes. Sie ebneten den Weg für Plato und Aristoteles mit ihren Schülern. Aber Agamemnons erstgeborene Tochter musste geopfert werden, denn sie bewahrte in sich jenen Teil der menschlichen Seele, die nicht in Intellektualität verwandelt werden kann – die unsterbliche Reinheit des Herzens.

Während des letzten Jahrhunderts wurde ein ähnliches Opfer gebracht: Kaspar Hauser wurde auf dem Altar der Menschheitsentwicklung geopfert. Es war derselbe Altar, an dem die Vermählung von Agnostizismus und Wissenschaft vollzogen wurde. Aber Kaspar Hauser hielt das wahre Bild des Menschen für die Zukunft der Menschheit lebendig. Er bewahrte den unsterblichen Teil unserer geistigen Existenz und reichte ihn in unsere Obhut weiter. Wir erfahren das Wunder und die Würde unserer eigenen Kindheit, wenn wir von seinem Leben und Sterben lesen, und wir erinnern uns daran, dass wir nicht nur sterbliche Materie sind, sondern ein unsterblicher und integraler Teil der ganzen Schöpfung.

Kinder mit Behinderungen bewegen unser Herz in ähnlicher Weise. Auch sie erinnern uns an unser höheres und besseres Selbst. Ihr Schutzpatron ist der badische Prinz Kaspar Hauser, *das Kind Europas*, der Beschützer des Ebenbildes Gottes.

Karl König, Ita Wegman und Kaspar Hauser

Zur Entstehung des «Requiems»

von Peter Selg

Einleitung

In der Zeit vom 5. bis zum 8. März 1943, in den ersten Tagen nach Ita Wegmans Tod (†4.3.1943), schrieb Karl König im schottischen Camphill – nahe Aberdeen – seine Kaspar-Hauser-Geschichte «als eine Art Requiem für Frau Dr.» nieder. Nachdem König seine Geschichte vollendet hatte, hörte er von der erfolgten Zerstörung der Nürnberger Altstadt durch englische Bomber – «In der Nacht waren die RAF* über Nürnberg und heute wird in der Zeitung gesagt, dass die Deutschen im Rundfunk bekannt gaben, dass ‹practically the whole of old Nuremberg was destroyed›. Ist das die Sprache des Schicksals oder Zufall?» (Notizbuch, 10. März 1943[1]).

Karl König hat sein «Requiem» für Ita Wegman nie veröffentlicht, sondern ganz offensichtlich als eine persönliche Niederschrift in einem seiner Notizbücher betrachtet. Ob der Text, sein Inhalt und seine Form, auch in späteren Jahren noch Königs selbstkritische Zustimmung fand und ob er ihm einen bleibenden künstlerischen Wert beimaß, ist nicht bekannt. Menschen, die auf verschiedenen Wegen von Königs Zeilen zu seinen Lebzeiten oder nach seinem Tod Kunde erhielten, waren von dieser rätselhaften und nicht leicht verständlichen Niederschrift unterschiedlich berührt, bis hin zur völligen Ablehnung.

Wie immer man über Karl Königs «Requiem» in inhaltlicher wie formal-künstlerischer Hinsicht nach erster oder wiederholter Lektüre

* Royal Air Force

denken mag – die Umstände seiner Entstehung und die von König verfolgten Motive bleiben davon unberührt und sind überaus bemerkenswert. Es versteht sich nicht von selbst, dass ein aus Wien stammender Flüchtling jüdischer Herkunft, der eine heilpädagogische Gemeinschaft auf anthroposophischer Basis begründet, sich in Schottland, in den Märztagen des Kriegsjahres 1943, in dieser Weise auf Kaspar Hauser besinnt – im Umkreis des Todes jener Ärztin, der Rudolf Steiner die Medizinische Sektion der Freien Hochschule für Geisteswissenschaft in Dornach anvertraut hatte. Nicht nur der Inhalt von Königs Kaspar-Hauser-Geschichte, sondern auch ihre Verbindung mit Ita Wegman hat viele Menschen erstaunt – was ging in Dr. König vor, als er diese Zeilen niederschrieb? Was ging ihnen voraus und was folgte nach?

I. Karl Königs Beschäftigung mit Kaspar Hauser

Sie werden es nicht übelnehmen, dass ich nicht besser schreibe, weil ich noch nicht lange in der Welt bin [...]

Kaspar Hauser, 8.9.1828[2]

Über viele Jahre hatte sich Karl König mit der Gestalt Kaspar Hausers beschäftigt, ehe er Anfang März 1943, nach dem Tode Ita Wegmans, seine Geschichte in besonderer Weise wieder zu erzählen begann. Seinen Aufzeichnungen zufolge unterhielt sich König bereits im Frühjahr 1934 mit seinem anthroposophischen Arztkollegen und Freund Eugen Kolisko über Hauser – und vermerkte sich:

> Aus Gespr. mit Dr. Kolisko. *Kaspar Hauser*: Er ist eine Persönlichkeit, die noch nie inkarniert gewesen ist. Das Kind v. Europa. Als Mercur-Impuls gegen d. Mars-Impuls Napoleons in die Welt gesetzt. Inkarniert sich in der Vererbungsreihe Napoleons in Baden. Wird ermordet, wohl von dem Gleichen, der ihn aufgezogen hat. – Setzt d. Impuls der Heilpädagogik in die Welt.

Als Karl König sich diese Sätze notierte, stand er in seinem 33. Lebensjahr – und arbeitete als Arzt in dem heilpädagogischen Institut Pilgramshain in Schlesien. Eugen Kolisko war neun Jahre älter als König und stammte ebenfalls aus Wien, wo er zu Königs Wegbereitern in die Anthroposophie gehört hatte. Nun war Eugen Kolisko als Arzt in der

Waldorfschule Stuttgart tätig und besuchte Pilgramshain und König in bedrängter Zeit – seit einem Jahr regierten die Nationalsozialisten in Deutschland. Der Kampf gegen das behinderte Kind – oder Menschen mit erschwerten Lebenswegen – gehörte von Anfang an zum Programm der neuen deutschen Machthaber, ebenso ihr kritisches Auge auf die Anthroposophie und die von ihr ausgehenden Aktivitäten. Bereits 1921 hatte Adolf Hitler im *Völkischen Beobachter* über Rudolf Steiner und die «Anhänger der Dreigliederung des sozialen Organismus und wie diese ganzen jüdischen Methoden zur Zerstörung der normalen Geistesverfassung der Völker heißen» vorwarnende Sätze geschrieben.[3] Rudolf Steiner wusste früh, dass in Deutschland nach einer Machtübernahme der NSDAP nahezu keine anthroposophisch-humanistische Arbeit – im großen, öffentlichen Stil – mehr möglich sein würde («wenn diese Herren an die Regierung kommen, kann mein Fuß deutschen Boden nicht mehr betreten»; 10.11.1923[4]); ein Jahrzehnt später war alles so gekommen. Karl König lebte als Jude und Anthroposoph zunehmend in Gefahr; von seinem heilpädagogischen Institut in Pilgramshain nur bedingt unterstützt, war seine Lage bereits 1934 mehr als kompliziert.[5] Anfang 1936 sollte er schließlich Pilgramshain verlassen und vorübergehend nach Wien zurückkehren, bis zum Einmarsch der Nationalsozialisten und seiner danach erfolgenden Flucht – nach Italien, der Schweiz, Frankreich und schließlich nach Schottland.

Die anthroposophische Gemeinschaft bedeutete Karl König viel, dennoch vermisste er eine tragende und unterstützende Kraft von ihrer Seite; im Frühjahr 1935 wurde er aus der Allgemeinen Anthroposophischen Gesellschaft ausgeschlossen und musste seine Mitgliedskarte zurückgeben – ebenso wie Eugen Kolisko, der nur vier Jahre später in seinem Londoner Exil an einem Herzversagen starb.[6] Das Pilgramshainer Gespräch von 1934 fand unter bedenklichen Zeitumständen statt, im Vorzeichen des Kommenden. Es wandte sich einem Menschen zu, der Härtestes erlebt hatte, und dennoch auf seine Art wirksam geworden war. Königs Eintragung schloss mit dem rätselhaften Satz:

[Kaspar Hauser] setzt d. Impuls der Heilpädagogik in die Welt.

Inhaltlich war die Pilgramshainer Unterredung sehr wahrscheinlich von Kolisko bestimmt, der über ein außergewöhnliches Geschichtswissen verfügte und seit zwei Jahrzehnten mit der Anthroposophie Rudolf Steiners vertraut war. Königs Art der Eintragung spricht dafür, dass ihm Kolisko von Kaspar Hauser berichtete – bzw. von Gesichtspunkten, die König neu waren und die er sich unmittelbar notierte. Vieles deutet darauf hin, dass Eugen Kolisko Rudolf Steiner einst über Kaspar Hauser befragt oder mit Ita Wegman über Hauser gesprochen hatte – und deren Aussagen eigenständig weiterbewegte. Im Februar 1935 hielt Eugen Kolisko als Arzt der Medizinischen Sektion und Mitarbeiter Ita Wegmans seinen letzten Vortrag im Goetheanum, zwei Monate vor seinem Gesellschaftsausschluss. Sein Vortrag, von dem kein Konzept und keine Mitschrift existiert, trug den Titel: *«Das Rätsel des Kaspar Hauser»*.

*

Als Karl König fünf Jahre nach dem Pilgramshainer Gespräch mit einer kleinen Freundesgemeinschaft die heilpädagogische Arbeit im schottischen Exil begann, spielte die Gestalt Kaspar Hausers von Anfang an eine große, ja zentrale Rolle. Bereits am 25. Februar 1940 sprach König in Heathcot in einem öffentlichen Vortrag über Heilpädagogik und über Kaspar Hauser («The Beginning of Curative Education»). Heathcot ist unweit von Aberdeen – nahe dem Fluße Dee – gelegen, und wurde zu dieser Zeit von den Eltern von Alix und Peter Roth verwaltet, im Sinne eines Gästehauses. Gegenüber von Heathcot liegt Camphill, der Ort, den König und seine Freunde in naher Zukunft finden und zum ausstrahlenden Zentrum ihrer Arbeit machen sollten. Drei Monate vor Königs Heathcot-Vortrag war Kolisko in London gestorben, der König zur Emigration verholfen hatte und ihm ein immer vertrauterer Weggefährte geworden war, auch im Hinblick auf die geschichtliche und

Was esoterisches Kristentum vom 8. Jahrh. an war geht im 13. Jahrh. zu Ende.

Das Rosenkreuzertum geht dann im 18. u. 19. Jahrhundert zu Ende u. es gebiert sich in den ersten Anfängen neu, die kommende Esoterik. H.I. Fichte, Drossbach, Widenmann, Lessing finden als neue Keime die Idee v. Reinkarnation u. Karma.

+

103.) Im 19. Jahrhundert in Wien lebt der Menschenkreis des Biedermeiers. Schubert, Schwind, Raimund, Vogel, Th. Krones usw. Alles Menschen die aus orientalischer Sendung herkommen, die letzte Blüte der Gemütsseele darstellen.

Dieser Kreis wird abgelöst von der Gruppe, in welche der junge R. Steiner eintritt. Die Gruppe in der Laurenz Müllner, Lemmermeyer, M.E. delle Grazie, Vinzenz Knauer, F. v. Steinwand, K.J. Schröer wirken u. leben. Der Kreis der griechischen Zeit u. Sendung, die Ahnen der wirkenden Bewußtseinsseele nicht nach außen wirkend = „Geschichte machend", sondern bewahrend, prüfend, wägend. Der erste Kreis ist eine verwelkende Blüte, der zweite Kreis eine Knospe, die sich dann öffnet, um dem Schmetterling – Anthroposophische Nahrung zu geben.

+

104.) Aus Gespr. mit Dr Kolisko

Kaspar Hauser: Es ist eine Persönlichkeit, die
noch nie inkarniert gewesen ist. Das Kind v. Europa.
Als Merkur-Impuls gegen d. Mars-Impuls Napo-
leons in die Welt gesetzt. Inkarniert sich in der
Vererbungsreihe Napoleons in Baden.
Wird ermordet, wohl von dem Gleichen, der ihn auf-
gezogen hat.
Setzt d. Impuls der Heilpädagogik in die Welt.

+

105.) Karl d. Große hat 12 Paladine.
Einhart die exoterische Strömung.
Waldo die esoterische Strömung
↓ Reichenau. Zieht d. ersten Kräutergarten.

+

106.) Das Geschlecht d. Grafen v. Capua ist das
Geschlecht d. Aquinaten.
Als Thomas stirbt kommt Habsburg zur
1282 Herrschaft. Die Schweiz stößt die Habsburger
ab; diese begründen ihre Hausmacht.

+

107.) Schlacht bei Crécy. König Johann v. Böhmen
fällt; der schwarze Ritter nimmt sein Wappen
; seine Rüstung nach England.

+

Aus Karl Königs Notizbuch 1934.

zukünftige Aufgabe der Heilpädagogik. König sprach sehr wahrscheinlich im Angedenken an den Freund, der im Waldorfschulzusammenhang, in der Stuttgarter Hilfsklasse und beratend in verschiedenen heilpädagogischen Instituten anthroposophischer Orientierung gewirkt hatte;[7] er sprach in Skizzierung dessen, was er selbst – in Übereinstimmung mit Kolisko – als Grundlage und Intention der heilpädagogischen Arbeit verstand; in seinen vortragsvorbereitenden Notizen schrieb er:

I.
1.) Kaspar Hauser. 1828 Daumer, L. Stanhope. The beginning of curative education.
2.) Charity and sacrifice in the last century. Then science came and made curative education and its objects, the defective children to a part of their investigations.
3.) R. St. built up a new form of c.e. [curative education] out of his whole view of the world.

II.
1.) What is different in our methods from the other one's?
The imagination of the human being. The backward and defective children, they are not inferior human beings. They are only in their manifestations different from the normal way and the kind of behaviour.
2.) We try to make these children become full human beings.
We don't pay too much attention to that fact, which is called heredity. We are sure, out of our experience, that great parts of heredity can be overcome by a real education.
3.) We don't try only to nurse these children, we try to make theme so fit, that they can settle down in ordinary society. That's for us real curative education.

III.
1.) To the first point.
The faith in the eternal spirit in every human being.
2.) That this eternal spirit can be in every human being.
3.) That the human soul is as powerful as the body. That this soul and spirit is not only a manifestation of the body, but the body a manifestation of soul and spirit. And that thinking, feeling and willing are stronger than the tools they use.

IV.
1.) Education. Painting, modelling, handcraft. Different ways of school-teaching.
Eurythmy, Music. Handcraft in garden and field.
2.) The course of the day in our homes. Rhythm in education.
3.) Teacher and physician work together.

V.
1.) It seems to me a part of humanity to take care of these children. Not because they may become very useful for the human society. But because they are real human beings. And this is a part of Christianity.
2.) Refugees for refugees.

«Who did sin, this man or his parents, that he should be born blind?»
«Neither did this man sin, nor his parents, but that the works of God should be made manifest in him.»

Königs Darstellung vom Februar 1940 war ein eindrucksvolles Plädoyer für die Arbeit mit jenen Kindern, die Rudolf Steiner «Seelenpflege-bedürftig» genannt hatte.[8] Während in Deutschland die Ermordung dieser Kinder systematisch betrieben wurde, beginnend im schwäbischen Grafeneck, sprach König in Schottland von ihrem eigentlichen, höheren Wesen – vom Bild des Menschen, das durch die Anthroposophie wiederaufgerichtet worden war und das er in seiner inneren Christlichkeit begriff. Er sprach von der therapeutischen Arbeit, entgegen dem Diktat der Vererbung («We don't pay too much attention to that fact, which is called heredity.») – und in unbedingter Zukunftswendung, um des Menschlichen willen, «because they are real human beings». König schloss mit dem neunten Kapitel des Johannesevangeliums, der Heilung des Blindgeborenen, die von seinem Weg zur Gewahrwerdung des Göttlichen in der eigenen Seele berichtet.[9]

That the works of God should be made manifest in him.

Begonnen aber hatte Karl König seinen Vortrag in Heathcot mit Kaspar Hauser und den geschichtlichen Anfängen der Heilpädagogik. Auch in späteren Jahren ging Karl König öfter auf die Geschichte der Heilpädagogik ein und erzählte von den wegweisenden Initiativen an der Wende des 18. zum 19. Jahrhunderts – von Itard und Seguin, Guggenbühl und Pestalozzi.[10] Diese Menschen, so König, arbeiteten aus Idealismus und in reiner Humanität, in christlicher Gesinnung bzw. realer Christus-Bezogenheit *(Charity and sacrifice)*. Sie verfolgten die «Tendenzen der Menschlichkeit», und bildeten ein wirkliches Gegengewicht zu Napoleon, seinen Kriegen der Macht und Herrschaft, die Europa heimgesucht hatten. Dann jedoch wurde der kleine heilpädagogische Keim von der materialistischen Entwicklung der Wissenschaft und den mit ihr verbundenen Mächten geradezu erstickt[11] («Then science came and made curative education and its objects, the defective children to a part of their investigations.»). Kaspar Hauser, so König in einer späteren Darstellung, aber «überstrahlte» den Beginn der Heilpädagogik, «gleich einer Verklärung auf dem Bergesgipfel»[12]. König sah Hauser als einen «Beschützer des Ebenbildes Gottes»[13] an und war tief von seiner Bedeutung für die Christianisierung Europas durchdrungen; Hauser, so König, repräsentierte das im 19. Jahrhundert immer weiter verdunkelte Bild des Menschen. Seine Existenz war von Anfang an bedroht und von Feinden umgeben, die seine Identität und Individualität zu zerstören suchten; sein Erzieher Daumer sprach von einer «durch Einsperrung, Anfesselung und Opium gebändigten Kinderseele». Sein Schicksal aber trug Hauser in «völliger Ergebenheit und Demut» – und ging den Christus-Weg des in Unschuld erbrachten Opfers. In dieser Haltung «überstrahlte» Kaspar Hauser den Anfang der Heilpädagogik, als einer Bewegung, die im Zeichen und Bewusstsein der reinen Kindheitskräfte ihre Arbeit aufgenommen hatte:

> Wir erfahren das Wunder und die Würde unserer eigenen Kindheit, wenn wir von seinem Leben und Sterben lesen, und wir erinnern uns daran, dass wir nicht nur sterbliche Materie sind, sondern unsterblicher Teil der Schöpfung. Wenn wir das Schicksal Kaspar Hausers recht betrachten, so wissen wir, dass behinderte Kinder unser Herz in ähnlicher Weise anrühren. Auch sie erinnern uns an unser besseres Ich. Ihr Schutzpatron ist Kaspar Hauser, das Kind von Europa, der Bewahrer des Ebenbildes Gottes.[14]

*

Schon zu seinen Lebzeiten war Kaspar Hauser «das Kind von Europa» genannt worden – Otto von Pirch schrieb an Gottfried von Tucher bereits am 4. April 1830: «Kaspar Hauser ist – man darf wohl sagen, das Kind Europas geworden».[15] Von Kaspar Hausers traumatischer Geschichte – vom «Verbrechen am Seelenleben eines Menschen» (Feuerbach) – waren unzählige Zeitgenossen berührt; nicht weniger von der Ausstrahlung seines Wesens. «Es war nicht nur die romantische Seltsamkeit seines Schicksals und seiner Erscheinung, was die Menschen anzog und fesselte, es war die ganz einzige Kindlichkeit und Lieblichkeit seines Wesens und die makellose Schönheit seiner Seele, was einen so wunderbaren

Zauber ausübte.» (Daumer[16]) Insbesondere Georg Friedrich Daumer und Anselm von Feuerbach, die Kaspar Hauser bald – in den ersten sechs Wochen – nach seinem Auftauchen in Nürnberg kennenlernten, beschrieben dasjenige, was Daumer die «ganz eigentümliche Feinheit und Zartheit» seines Wesens nannte[17]. In den verschiedensten Formen und aufgrund differenzierter Beobachtungen hoben beide hervor, dass hier eine besondere Seele aufgetreten war – die «reine, unschuldige, ja heilige Seele dieses Menschen». (Daumer[18]) Georg Friedrich Daumer sprach von einem «engelreinen Menschen vom feinsten Moralitätsgefühl und rigorosester Wahrheitsliebe»[19] bzw. von der «paradiesischen Unschuld und Lauterkeit» von Kaspar Hausers Wesen, und erlebte seine tendenzielle Ein- und Erstmaligkeit: «Als Hauser aus seiner Verborgenheit hervor in die Welt trat, war seine Seele der Spiegel und Abglanz einer himmlischen Güte, Reinheit und Unschuld, wie sonst noch kein Beispiel vorgekommen oder bekannt geworden war.»[20] Für Feuerbach widerlegte die Erscheinung Kaspar Hausers den Lehrsatz von der Erbsünde; auch er schrieb über die «reinste Unschuld und Herzensgüte» Hausers in der ersten Zeit nach seinem Auftreten in Nürnberg und sprach von einer Seele «voll kindlicher Güte und Milde», die ihn unfähig gemacht habe, einem anderen Wesen Schmerz und Schaden zuzufügen, eine Seele, die in jeder Beziehung sich so «fleckenlos und rein» erwiesen habe, «wie der Abglanz des Ewigen in der Seele eines Engels».[21] Auch Kaspar Hausers erster Vormund, Gottfried von Tucher, hielt fest:

> So, wie ich diesen Menschen gefunden und geschildert habe, mit seiner natürlichen Reinheit und Selbstbewusstlosigkeit, gab er im vollkommensten Grade das Bild des ersten Menschen im Paradiese vor dem Sündenfall.[22]

Die von Feuerbach beschriebene, in sich außerordentliche Mitleidsfähigkeit Kaspar Hausers erlebte Daumer – in dessen Haus Kaspar ab dem 18. Juli 1828 wohnte – in vielfältiger Weise («Er empfand jeden Schmerz und jedes Leid, das Anderen geschah und oder zu geschehen schien, ganz als sein eigenes. Er konnte nicht dahin gebracht werden, jemandem auch nur zum Schmerz einen Schlag zu versetzen; das tue ihm selbst zu weh, sagte er.»[23])

Im Oktober 1828 notierte er nach einem Gespräch mit Kaspar dessen Aussagen mit den Worten:

> Er denke auch deshalb ungern an seine Einsperrung zurück, weil er sich die Angst vorstelle, in der der Unbekannte, der ihn gefangen hielt, gelebt haben müsse. Dieser habe wahrscheinlich immer auf seinen Tod gehofft, der nicht erfolgt sei, und so glaube er, dass der Unbekannte, bis er sich seiner entledigt habe, in der qualvollsten Unruhe gelebt habe, was ihm weh tue, wenn er sichs vorstelle.[24]

Kaspar Hausers Auftauchen in Nürnberg am Pfingstmontag des Jahres 1828 war ein sensationelles Ereignis gewesen, dessen Nachricht sich schnell verbreitet und ihn bereits in den ersten sieben Wochen seines Aufenthaltes im Stadtgefängnis Scharen von Besuchern ausgesetzt hatte. Nur wenige Menschen waren jedoch in der Lage, das ganz Andersartige von Hausers Wesen, diesen «in eine neue Welt versetzten Menschen» (Tucher[25]) wahrzunehmen. Kaspar Hauser selbst sprach davon, dass sein Leben in dieser Welt nun erst beginne – *«weil ich noch nicht lange in der Welt bin»*;[26] er erlebte sich fremd und immer wieder vollständig überfordert. Auch Feuerbach dachte darüber nach, «dass man ihn [Hauser] für einen durch irgendein Wunder auf die Erde herabversetzten Bürger eines anderen Planeten, oder für jenen Menschen des Plato nehmen solle, der, unter der Erde geboren und aufgewachsen, erst im Alter der Reife auf die Oberwelt zum Licht der Sonne heraufgestiegen.»[27] Insbesondere Daumer und Feuerbach versuchten in ihren Schriften die andersgeartete bzw. «eigentümliche» Konstitution von Hauser (Preu[28]) zu dokumentieren – seine außerordentliche Sinnes- und Gedächtnisfähigkeit, sein elementares Verhältnis zu Licht und Dunkelheit sowie Tag und Nacht, seine ausschließliche Orientierung an Wasser und Brot, seine so andere Leiblichkeit und Seelenhaltung; schließlich auch sein besonderes Verhältnis zur Tierwelt – das in seiner besänftigenden Wirkung an Franz von Assisi erinnerte – und seinen Umgang mit Dingen, seine ungeheure Liebe zur Ordnung und die ihm eigene Sorgfalt. – Kaspar Hauser lernte, ab Pfingsten 1828 in der «Welt» der Menschen lebend, außerordentlich rasch, und schrieb innerhalb weniger Monate bereits Briefe in Schönschrift und mit prägnantem Ausdruck. Er malte zauberhafte Aquarelle und hatte großes zeichnerisches Talent; zugleich konnte er auf besondere Fähigkeiten zurückgreifen, die ihn sehr wahrscheinlich nie ganz verließen– so seine Möglichkeit, in imaginativen Bildern und Träumen zu leben bzw. «momentan hellsehend» zu sein, wie Daumer dies nannte. Hauser, so Daumer, habe unter anderem in den Seelen anderer Menschen zu lesen vermocht.[29]

Kaspar Hausers Weg, der Karl König – wie viele andere Menschen – im Innersten ergriff, war auch nach dem 26. Mai des Jahres 1828 überaus schwer. Hauser fand Zuspruch und singuläre Individualitäten, die sich vehement für ihn einsetzten – so (insbesondere) Anselm von Feuerbach und Georg Friedrich Daumer, Gottlieb von Tucher und Jakob Friedrich Binder, der Bürgermeister von Nürnberg. Dennoch mussten seine Förderer erkennen, dass sein Einleben in die Welt kompliziert blieb. Feuerbach sprach im Hinblick auf die Umstände von Hausers ersten Schritten in Nürnberg als von einem «Marterweg»[30] – in gewisser Hinsicht, wenn auch nicht primär in leiblicher Beziehung, galt diese Charakteristik auch für die nachfolgende Zeit. Im Turmgefängnis wurde Hauser von Neugierigen bestürmt und mit Geschenken überhäuft; später, ab seinem ersten «Mondknoten», unterlag er weitgehend der Verführung Stanhopes, der ihm den Besitz irdischer Reiche versprach. 1832 schrieb Feuerbach, an Kaspar Hauser – der mittlerweile als Gerichtsscheiber arbeitete – sei nun «nichts Außerordentliches mehr», wenn auch mit der Hinzufügung: «[nur] das Außerordentliche seines Schicksals und seine unbeschreibliche Güte und Liebenswürdigkeit.»[31] Die Entwicklung dieser Situation erlebte Hauser sehr bewusst oder zumindest bewusstseinsnah – in seinem Gedicht «Mein erstes Jahr begrüß ich heut», das er am 4. April 1829 verfasste, heißt es in einer Strophe:

Die Zeit vergeht, sie gräbt mein Grab
Scheut meinen Engel fort
Haucht meinen Wangen Rosen ab
Ist einst mein Rächer dort.[32]

Die Menschen, die sich am intensivsten um Kaspar Hauser sorgten, wussten, dass er eine «höhere Hand»[33] der Führung und Betreuung für die Begleitung seines Weges in die Zivilisation brauchte – diese «höhere Hand» ihnen aber nur sehr bedingt eigen war. Gegenüber Lord Stanhope, dessen verderblichen Einfluss er früh erkannte, betonte Gottlieb von Tucher, der Schwager Hegels, am 11. November 1831, dass Kaspar noch immer ein Kind sei und aufgrund seines «sonderbaren Wesens» die «größte Aufmerksamkeit, die höchste Sorgfalt in der Behandlung» verdiene und benötige – «wenn dieses wunderbare Geschöpf nicht dem bodenlosen Verderben unaufhaltsam entgegengehen soll»[34]. Tucher sah, erlebte und erlitt, dass Hauser «die ungeschickteste und unverständigste Behandlungsweise» zuteil wurde[35] – eine Behandlungsweise, die, so Tucher, seiner «Individualität» in keiner Weise angemessen war.[36] An Stanhope schrieb Tucher in direkter Wendung, dass sein Umgang von größtem Schaden für Kaspar sei («haben Sie ganz unschuldigerweise ein Gift in sein schon für sich krankes Wesen gebracht»[37]), ohne jedoch die weitere Entwicklung seinerseits aufhalten zu können. Menschen wie der Ansbacher Lehrer Meyer, aber auch Stanhope selbst säumten und prägten zunehmend Kaspars Weg. Am Ende seines dritten Erdenjahrsiebts starb Kaspar Hauser, gerade einmal 21 Jahre alt, in Ansbach, drei Tage nach einem Mordanschlag auf ihn.

> Er [Kaspar Hauser] ist ein nathanisches Wesen. Ein junges, vielleicht zum ersten Male geborenes Engelwesen friedenbringender Botschaft. (Notizbuch)

Karl König, der sehr wahrscheinlich 1934 in Pilgramshain von Eugen Kolisko vernommen hatte, dass die Individualität Kaspar Hausers Rudolf Steiner zufolge noch nie auf Erden inkarniert gewesen sei, verstand Hausers Weg und Wesen vor dem Hintergrund dessen, was von Steiner ab dem Jahre 1909 – und insbesondere 1913/14 – als «Fünftes Evangelium» eröffnet worden war.[38] Zwei Monate vor dem Vortrag in Heathcot, in den Heiligen Nächten des Jahres 1939/40, hatten König und seine Freunde in Kirkton House Rudolf Steiners Kristiania-Darstellungen über das Fünfte Evangelium studiert und in den Mittelpunkt ihrer gemeinsamen Arbeit gestellt. Wenn König Kaspar Hauser als ein «nathanisches Wesen» bezeichnete, so dachte er an die Gestalt Jesu von Nazareths im Sinne des Lukasevangeliums – so, wie sie von Rudolf Steiner zur Darstellung gebracht worden war. Beginnend mit seinem Basler Kurs über das Lukasevangelium im Herbst 1909 hatte Steiner wiederholt über den «nathanischen» Jesusknaben und seine besondere Wesensart gesprochen.[39] Die in diesem Knaben lebende Seele, so Rudolf Steiner, sei nie zuvor auf Erden inkarniert gewesen; sie habe als «Schwesternseele» Adams die Paradieskräfte jenseits der Versuchungssituation bewahrt, um dann zur Zeitenwende – in weltgeschichtlicher Entscheidungszeit – erstmals einen Erdenleib anzunehmen. Von Friedenskräften des Buddha im Astralleib unterstützt, trat die nathanische Seele einen besonderen, lange vorbereiteten Erdenweg an – als «Kind der Menschheit»[40], unbeschadet von allen bisher in der Erdevolution aufgetretenen Einflüssen, trug sie «der Menschheit geistigen Kindheitsimpuls»[41] in sich – *«die ganze Menschheit in ihrer Kindheitsstufe haben wir in diesem Jesusknaben vor uns»*.[42] Der nathanische Jesusknabe tat sich nach Rudolf Steiner schwer mit den Erdverhältnissen bzw. -umständen der menschlichen Zivilisation («Er war nicht in der Lage, sich hineinzufinden in diejenigen Dinge, welche die Menschenkultur auf der Erde geschaffen hat.»[43]). Als ein – so Steiner – «verhältnismäßig zurückgebliebenes Kind»[44] zeigte er lange Zeit kein Interesse an der schulischen Bildung. Dafür hatte er als *«Genie des Herzens»*[45] besondere Fähigkeiten der Liebe und der Empathie:

> [...] Alles dasjenige, was er berührte von frühester, zartester Kindheit an, war von der vollkommneten Liebe berührt.[46]
> Das göttliche Dasein lebte in ihm in einer unbegrenzten Liebefähigkeit.[47]

Über den mitmenschlichen Bezug dieses nathanischen Jesusknabens sagte Rudolf Steiner in einem Vortrag über das «Fünfte Evangelium»:

> Er zeigte sich darin ganz besonders genial, [...] dass er fremdes Leid und fremde Freude von frühester Kindheit an als sein eigenes Leid und seine eigene Freude fühlte, sich in die Seelen anderer Menschen versetzen konnte; dieses zeigte er im höchsten Maße.[48]

Für Karl König war auch Kaspar Hauser ein «nathanisches Wesen», mit einer ähnlichen, wenn auch keineswegs identischen Beschaffenheit wie der von Lukas beschriebene Jesusknabe. Auch in Hauser, dem «Kind Europas», lebten eminente Kindheitskräfte – gebrochen im Zerrspiegel des an ihm verübten Verbrechens – und eine vollkommen ungewöhnliche Liebes- und Mitleidsfähigkeit. Gleich Jesus von Nazareth ging er einen schuldlosen Opferweg, dessen Gestalt und Sinn König immer weiter aufzuhellen versuchte.

Rudolf Steiners Darstellungen aus dem «Fünften Evangelium» und seinen Vorträgen über die «Vorstufen des Mysteriums von Golgatha» zufolge, gingen dem Inkarnationsentschluss der nathanischen Seele Prozesse eines tiefen Mitleidens mit der geistigen Situation der Menschheit auf Erden voraus.[49] Rudolf Steiner beschrieb drei «Durchdringungen» der nathanischen Seele mit dem Christus-Wesen vor der Zeitenwende, die aufgrund der realen Erdennot erfolgt waren; auch der Erdenweg der nathanischen Seele im Leibe Jesus von Nazareths war dann, so Steiner, ab dem Jugendalter (nach der Vereinigung mit dem salomonischen Jesusknaben) von größten Schmerzerlebnissen bestimmt, von Leidprozessen, die Steiner als Voraussetzung der erneuten Verbindung mit dem Christus-Wesen – durch die Jordantaufe – ansichtig werden ließ.[50] Dann lebte sich das hohe Christus-Wesen in einem dreijährigen, qualvoll-schmerzhaften Prozess in den Erdenleib des Jesus ein; in seinen Vorträgen über das «Fünfte Evangelium» sagte Rudolf Steiner dazu:

> Der Vorgang dieser völligen Menschwerdung, der drei Jahre dauerte und zum Mysterium von Golgatha führte, war dieses Hineingepresstwerden in die drei Leiber, es war der Schmerz des Gottes, der auf der Erde empfunden werden musste, damit das geschehen konnte, was notwendig war, um den Christus-Impuls in die Erdenentwickelung hineinzuführen.[51]

> Es gibt wohl kaum einen Eindruck, der sich an Leiden vergleichen ließe mit dem Einswerden der Christus-Wesenheit mit der Leiblichkeit des Jesus von Nazareth. Und man lernt erkennen, was ein Gott leiden musste, damit die altgewordene Menschheit eine neue Verjüngung erleben konnte, damit der Mensch fähig werden konnte, von seinem Ich völlig Besitz zu ergreifen.[52]

Rudolf Steiner zufolge war der gesamte Christus-Weg in Jesus von Nazareth – aber auch die vorangegangene Vorbereitungszeit Jesus von Nazareths – ein Weg des Schmerzes; am Verständnis dieses Weges lag Rudolf Steiner im Hinblick auf die Zukunft viel – und wiederholt sprach er davon, dass die Mitteilung dieser Inhalte aus dem «Fünften Evangelium» notwendig seien, um Menschen auf die Zukunft vorzubereiten:

> Die Seelen, welche sie jetzt aufnehmen, werden sie für die Arbeit, die sie in seelisch-geistiger Beziehung in der weiteren Menschheitsentwicklung zu leisten haben, ganz gewiss brauchen.[53]

Zu solchen Seelen wollten Karl König und seine Mitarbeiter ganz offenbar gehören, als sie – jüdische Flüchtlinge in einem schottischen Pfarrhaus ohne Heizung und Strom – an der Jahreswende 1939/40 die Inhalte des «Fünften Evangeliums» bewegten, den Einzug des Christus in die Erdenaura (und damit in die Geschicke der Menschheit) auf den Wegen des Schmerzes:

> Es wird nach und nach für die Menschheit notwendig sein zu begreifen, dass in der Tat, um von Golgatha an die Erdenentwickelung fortzuführen, diese Christus-Wesenheit durch den Schmerz einziehen musste in die Erdenaura, und verbunden mit diesem Christus-Schmerz wird die Menschheit ihr Schicksal fühlen müssen. Immer konkreter wird sein müssen die Verbindung der Menschheit mit dem Christus-Schmerz. Dann wird man erst verstehen, wie in der Erdenaura dieser Schmerz in verjüngenden Kräften weiterwirkte für die Erdenentwickelung seit dem Mysterium von Golgatha.[54]

Als König und seine Freunde, die der Inhaftierung und den Konzentrationslagern der Nationalsozialisten in letzter Minute entkommen waren, diese Worte Rudolf Steiners lasen, vollzogen sich unzählige Leiden in Mitteleuropa. König suchte in dieser Situation den inneren Anschluss an die Leidenden, zugleich jedoch an das Christus-Wesen. Zu Beginn des Ersten Weltkriegs hatte Rudolf Steiner in einem Erste-Hilfe-Kurs davon gesprochen, dass die Teilnahme am Leiden des Anderen ein unverzichtbares, ja zentrales Element der Zukunftskultur darstellen werde, und hatte diese innere Verbindung als «Christus-Ideal» bezeichnet:

> Die Menschheit wird in vollem Maße erst dann vorhanden sein, wenn es uns möglich sein wird, dass der Schmerz des einzelnen ebenso wie von ihm selbst von einem anderen gefühlt werden kann. [...] Es ist das Ideal – von dem wir jetzt noch ausgeschlossen sind –, dass in Zukunft das Geistige im Menschen einmal so stark sein wird, dass nicht nur der Verletzte, der den kranken Leib trägt, in seinem Bewusstsein den Schmerz fühlt, sondern dass der andere ihn genauso stark fühlt. Die Verletzung des anderen wird man einmal so stark fühlen können wie die eigene Verletzung. *Das ist das Christus-Ideal*; und in dieser Zeit ist es gut, sich an dieses Ideal zu erinnern.[55]

Im Anschluss daran hatte Rudolf Steiner in den Septembertagen des Jahres 1914 ein Mantram für diejenigen seiner Zuhörer entwickelt, die in Zukunft Hilfstätigkeiten für Verletzte leisten wollten, und dazu gesagt:

> Ein Helfer werden [...] ist bedingt von dem Ideale, das in den folgenden Zeilen, meine lieben Freunde, enthalten ist, und das ich heute zum Schluss auf Ihre Seelen legen möchte. Sein Gemüt durchdrungen haben mit folgenden Zeilen, verstanden haben diese Zeilen, empfindend, fühlend, gießt in unsere Hände jenes tätige Mitgefühl, das wir vielleicht oftmals brauchen können. Wie zu sich selbst sprechend – man sagt das aber zu dem anderen, dem Leidenden, dem, der von Schmerzen getroffen ist -, muss wirken, was in diesen sieben Zeilen liegt.
>
> So lang DU den Schmerz erfühlest,
> Der mich meidet,
> Ist Christus unerkannt
> Im Weltenwesen wirkend;
> Denn schwach nur bleibt der Geist,
> Wenn er allein im eignen Leibe
> Des Leidesfühlens mächtig ist.[56]

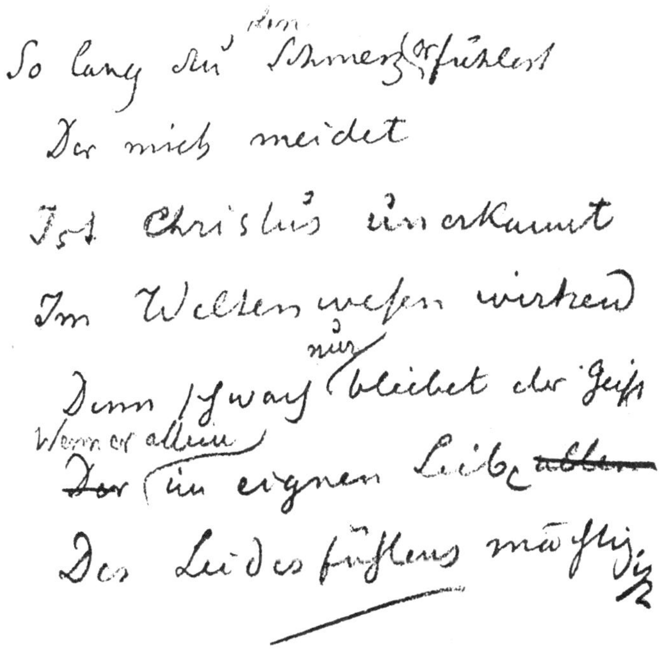
So lang du den Schmerz erfühlest
Der mich meidet
Ist Christus unerkannt
Im Weltenwesen wirkend
Denn schwach nur bleibet der Geist
Wenn er allein im eignen Leibe
Des Leidesfühlens mächtig ist

Aus dem Notizbuch Rudolf Steiners (Rudolf Steiner Archiv, Archiv-Nummer 104).

In diesem Gesamtzusammenhang sah Karl König 1939/40 nicht nur die aktuelle Situation der verfolgten Juden und «behinderten» Kinder, sondern auch den schmerzvollen Lebens- und Opferweg Kaspar Hausers. Zugleich gewahrte er bei Hauser – wie in den Ereignissen der Zeitenwende – die heilenden Kräfte:

> Er [Kaspar Hauser] ist ein nathanisches Wesen. Ein junges, vielleicht zum ersten Male geborenes Engelwesen friedenbringender Botschaft.

*

Ob und inwieweit Karl König zum Zeitpunkt seines Heathcot-Vortrages vom Februar 1940 – oder bereits 1934 zum Zeitpunkt seines Gespräches mit Eugen Kolisko – Kenntnis von weiteren Aussagen Rudolf Steiners über Hauser hatte, ist nicht bekannt; auch existieren keine Aufzeichnungen entsprechender Gespräche Königs mit Ita Wegman, deren Klinikassistent er 1927/28 gewesen war. Vieles spricht jedoch dafür, dass Kolisko die wesentlichsten Mitteilungen Rudolf Steiners über Hauser bekannt waren und er sie an König weitergab; 1948, neun Jahre nach Koliskos Tod in London, erwähnte König im holländischen Zeist die Existenz von Rudolf Steiners «wenigen» und «apokryphen» Bemerkungen über das «seltsame Menschenwesen» Kaspar Hausers.[57]

In der Tat hatte sich Rudolf Steiner nur ausgesprochen zurückhaltend über Hauser geäußert – und nahezu ausschließlich auf persönliche Bitten und innerhalb eines persönlichen Gespräches.[58] Rudolf Steiners Zurückhaltung war auffällig und gab König zu denken – sie mutete wie ein pietätvoller Schutz angesichts eines Geschehens an, dessen Tiefe und Tragik dem geistigen Lehrer mit Sicherheit vor Augen gestanden hatten. Rudolf Steiner war bald nach der Jahrhundertwende in Nürnberg zu ersten anthroposophischen Vorträgen gewesen – und kam dort mit Theosophen zusammen, denen das Hauser-Schicksal ausgesprochen nahe ging, darunter mit Minna Rissmann, deren Eltern in enger Beziehung zu Georg Friedrich Daumer gestanden hatten. Mit ihr sprach Rudolf Steiner über Kaspar Hauser – und erwähnte ihn auch in einer singulären Nürnberger Vortragsbemerkung vom 17. Juni 1908, unmittelbar vor dem Beginn seines großen Apokalypse-Kurses. In exemplarischer Weise ging Steiner dort auf Hausers «geradezu eingeborene Wahrhaftigkeit» und seine außerordentlichen Gedächtniskräfte vor Einbruch der Intellektualität in sein Dasein ein[59]; gegenüber Minna Rissmann bezeichnete er Hauser als einen «versprengten Atlantier»[60], und wies damit offensichtlich auf die besondere konstitutionelle Verfassung Hausers hin, die Anselm von Feuerbach gerne näher aufgeklärt hätte. Weiter aber ging Rudolf Steiner in Nürnberg offensichtlich nicht – oder bat seine Gesprächspartner darum, die ihnen mitgeteilten Inhalte für sich zu behalten.

Noch in der Pfingstzeit des Jahres 1924, 96 Jahre nach dem Erscheinen Kaspar Hausers in Nürnberg und zehn Monate vor seinem eigenen Tod, wurde Rudolf Steiner im schlesischen Koberwitz von einem Anthroposophen gebeten, etwas über eine Vorinkarnation Kaspar Hausers mitzuteilen. Nach Johanna Gräfin Keyerslingk antwortete Steiner nicht sofort, sondern erst am nächsten Morgen.

> Er habe [...] weder eine vorhergehende, noch eine nachfolgende Verkörperung finden können. Es handle sich hier um ein höheres Wesen, das eine besondere Mission auf Erden hatte.[61]

Keyserlingks Bericht zufolge konnte oder wollte Rudolf Steiner nicht unmittelbar auf die gestellte Frage antworten, sondern erst nach entsprechenden geistigen Nachforschungen in der Nacht. – Einer anderen Erinnerung zufolge benannte Rudolf Steiner das «höhere», übermenschliche Wesen Hausers drei Monate später, im September 1924, als einen «Engel».[62]

*

Mit Ludwig Graf Polzer-Hoditz, der sich intensiv für geschichtliche Fragestellungen interessierte, hatte Rudolf Steiner bereits viele Jahre zuvor, in der Mitte des Ersten Weltkriegs, über die «besondere Mission» Hausers im 19. Jahrhundert gesprochen. Polzer gegenüber hatte Steiner betont, dass Süddeutschland – vorbereitet durch das philosophisch-idealistische Werk von Schiller, Goethe, Hölderlin und anderen – unter Kaspar Hausers Führung «die neue Gralsburg der neuen Geistesstreiter und die Wiege künftiger Ereignisse» hätte werden sollen – «Kaspar Hauser sollte wie um sie herum sammeln all das, was da lebte in diesem so vorbereiteten Geistesraum».[63] Diese mitteleuropäisch-weltgeschichtliche Absicht, aber sei, so Rudolf Steiner, «zerschlagen» worden, und dies durch Mitglieder des Jesuitenordens und westlicher Logen. Die entsprechenden Kreise würden bis heute das wirkliche Hauser-Schicksal verhüllen:

> Diese also wollen nicht, dass enthüllt werde, was sie als ein Experiment, als einen großangelegten Versuch inszenierten, um jene Individualität, durch eben ihr Experiment, von ihren Aufgaben zu trennen. Sie in einem Zwischenreich zu halten. Die Ichheit dieses Wesens sollte nicht durchdringen können zu ihrem Leib, soll draußen bleiben in einem Zwischenreiche, nicht reine Geistgestalt und nicht reiner Erdenmensch. Von ihren Aufgaben abgelenkt und wie in geistiger Verbannung bleiben. Das heißt, einen Leib zu formen, aber nicht tätig, als Ichheit, ihn ergreifen zu können. Dieses Experiment aber glückte nicht, und darum musste Kaspar Hauser sterben. Sie mussten erleben, wie durch ihr Experiment gerade erreicht wurde, was sie zu verhindern strebten: Das Wachwerden der Individualität. Ja, sie wusste von Reinkarnation und Karma. Das aber sollte ja eben nicht sein.[64]

Bereits 1916 skizzierte Rudolf Steiner Graf Polzer die Auswirkungen dieses Geschehens für die geschichtlich-politische Entwicklung des 19. Jahrhunderts in differenzierter Weise. Über acht Jahre später, am 3. März 1925, vier Wochen vor seinem Tod, kam Steiner gegenüber Polzer dann noch einmal auf Kaspar Hauser zurück; er forderte den Grafen dazu auf, die mit Kaspar Hausers Individualität und seinem geschichtlichen Wirkensauftrag verbundenen Intentionen zu studieren, bestätigte seine leibliche Inkarnation in das Königshaus Baden und sprach davon, dass Hauser eine «wichtige Mission des esoterischen Christentums» zu erfüllen habe, im Hinblick auf die Zukunft, aber auch durch das bereits von ihm Geleistete («Jene Individualität, welche sich hinter dem Kaspar-Hauser-Schleier verhüllen soll, sei eine Wesenheit [die] inspirierend in den Rosenkreuzer-Zusammenhängen seit Anfang an [wirke] ...»[65]). Eine weitere Aussage Rudolf Steiners, derzufolge die Individualität Kaspar Hauser nicht nur über eine tiefe Verbindung zum Christus-Wesen, sondern insbesondere zum Leidensweg seiner Erdeninkarnation – im Sinne des «Fünften Evangeliums» – verfüge, ist ebenfalls mündlich überliefert – *«nächst Christian Rosenkreuz habe Kaspar Hauser die Leiden des Christus am stärksten nachempfunden».* [66]

*

Die von Rudolf Steiner gegenüber einzelnen Menschen und sehr wahrscheinlich im vertraulich-verschwiegenen Raum eröffneten Aspekte wurden, wie bereits betont, lediglich mündlich tradiert – und fanden zu Karl König, in seiner besonderen Lebens- und Arbeitssituation. In einem Vortrag hatte Steiner gesagt:

> Innerhalb des Rosenkreuzertums ist es eine alte Regel, dass der äußeren exoterischen Welt gegenüber nie gesprochen wird bei der Zeitgenossenschaft von irgendeinem, der als ein Lehrer der Rosenkreuzerischen Richtung zu gelten hat – sondern erst hundert Jahre nach seinem Tode, nicht vorher, weil dadurch allein das unpersönliche Element hineingebracht werden kann in eine wirkliche spirituelle Bewegung.[67]

Der Historiker Karl Heyer interpretierte diese Bemerkung Rudolf Steiners auch im Hinblick auf sein weitgehendes Schweigen zu Kaspar Hauser – und zitierte in diesem Zusammenhang Henriette Feuerbach, die Schwiegertochter Anselm Feuerbachs, die noch 1884 ihrem Neffen brieflich mitteilte, sie könne ihm zu der Geschichte Kaspar Hausers noch Unbekanntes anvertrauen, um dann jedoch hinzuzufügen:

> Hätte ich den vollgültigen Beweis, der noch aussteht, so würde ich ihn in eine eiserne Schatulle sperren und darauf schreiben: am 17. Dezember 1933 zu öffnen.[68]

Als Karl König mit Eugen Kolisko im Frühjahr 1934 in Schlesien über Kaspar Hauser sprach, waren die hundert Jahre abgelaufen; neun Jahre zuvor, am 30. März 1925, war Rudolf Steiner in Dornach gestorben. Wiederum neun Jahre später, im Frühjahr 1943, schrieb er Kaspar Hausers Geschichte als «Eine Art Requiem» für Ita Wegman auf, nach Erhalt ihrer Todesnachricht.

10.)

Gestern, am Donnerstag den 4. März 1943
kam ein Telegram.
Es sagte, daß Frau Dr Wegman, nach kurzer
Krankheit, um 9h55 dieses Tages, gestorben ist
So ist diese gute & große Frau
in die geistige Welt eingegangen.
Vielleicht der beste Freund Rudolf Steiners.
Der Freund, der ihn während seiner Krankheit
Tag & Nacht pflegte.
Das Zentrum der neuen Medizin,
der neuen Heilpädagogik.
Der Arzt & Helfer,
Der Rater vieler, vieler Menschen,
Der Helfer & mütterliche Freund
Ist nicht mehr.

Mir ist es, als wäre ein Lebensnerv in meinem
Innern durchschnitten.
Daß ich sie hier auf Erden nicht mehr sehen
werde kann ich kaum glauben.
Wie leer ist es plötzlich um mich herum?

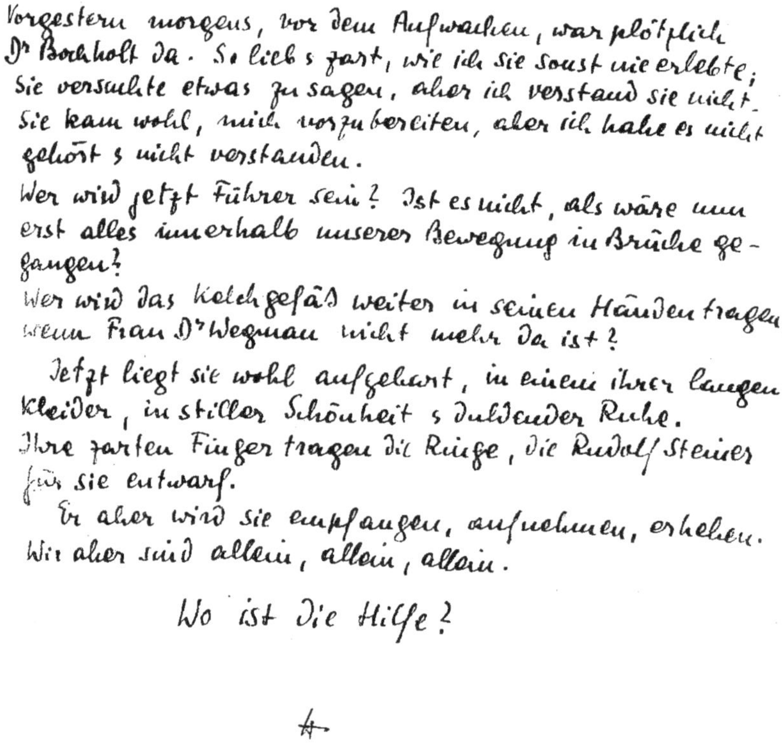

Vorgestern morgens, vor dem Aufwachen, war plötzlich Dr Bockholt da. So lieb u. zart, wie ich sie sonst nie erlebte; sie versuchte etwas zu sagen, aber ich verstand sie nicht. Sie kam wohl, mich vorzubereiten, aber ich habe es nicht gehört u. nicht verstanden.

Wer wird jetzt Führer sein? Ist es nicht, als wäre nun erst alles innerhalb unserer Bewegung in Brüche gegangen?

Wer wird das Kelchgefäß weiter in seinen Händen tragen, wenn Frau Dr Wegman nicht mehr da ist?

Jetzt liegt sie wohl aufgebahrt, in einem ihrer langen Kleider, in stiller Schönheit u. duldender Ruhe. Ihre zarten Finger tragen die Ringe, die Rudolf Steiner für sie entwarf.

Er aber wird sie empfangen, aufnehmen, erheben. Wir aber sind allein, allein, allein.

Wo ist die Hilfe?

K.

Aus dem Notizbuch Karl Königs.

II. «Das Zeichen des heilenden Friedens»

Die Niederschrift des «Requiems» und das Wesen Ita Wegmans

Als eine Art Requiem für Frau Dr. Wegman möchte ich versuchen all das aufzuschreiben, was seit einigen Monaten in meiner Seele lebt und sich verbunden fühlt mit der Wesenheit Kaspar Hauser.

Karl König, 5. März 1943

Nachdem Karl König am 4. März 1943 die telegrafische Nachricht erhalten hatte, dass Ita Wegman am Morgen in Arlesheim verstorben war, stellte er ihr Bild neben dasjenige Kaspar Hausers auf seinen Schreibtisch in Camphill House, tief getroffen von ihrem überraschenden Tod und nur langsam die Fassung wiederfindend: «Mir ist es, als wäre ein Lebensnerv in meinem Innern durchschnitten. Dass ich sie hier auf Erden nicht mehr sehen werde, kann ich kaum glauben. Wie leer ist es plötzlich um mich herum. [...] Völlig zerbrochen. In unendlicher Trauer unfähig etwas zu tun» – so begann König am Morgen des 5. März 1943 seine Niederschrift über Kaspar Hauser, als «Requiem für Ita Wegman».

Die Widmung der Hauser-Arbeit an Wegman, ja deren Gestaltung in Form eines «Requiems» für die in Arlesheim gestorbene Ärztin, war auch für Königs nahe Weggenossen ausgesprochen überraschend. Der Abstand zwischen Ita Wegman und Kaspar Hauser schien denkbar groß – die Differenz zwischen der wirkmächtigen, kämpferischen Leiterin der Medizinischen Sektion am Goetheanum, die eng mit Rudolf Steiner zusammengearbeitet hatte und von ihm in den esoterischen Vorstand am Goetheanum berufen worden war, und der ohnmächtigen Biographie Hausers. Hans Müller-Wiedemann, ein ärztlicher Mitarbeiter Königs und sein späterer Biograph, betonte jedoch, dass Ita Wegman Kaspar Hauser oft in ihrem engeren Umkreis erwähnte[69] – was Müller-Wiedemann eventuell von König selbst vernommen hatte, oder aber von seiner Frau Susanne Müller-Wiedemann, die Ita Wegman in den letzten Jahren ihres Lebens, in Ascona, nahegestanden war. In Wegmans schriftlichem Nachlass, in ihren Tausenden von Korrespondenzen, ihren Notizbüchern und Manuskripten, findet sich keine Spur von Hauser, mit einer einzigen Ausnahme: Wegman erwähnte ein Gespräch mit Rudolf Steiner über Kaspar Hauser in ihrer «Natura»-Veröffentlichung über die stigmatisierte Therese von Konnersreuth. Auch dort ging Wegman jedoch nicht auf Einzelheiten ein[70] – in derselben Geste der Verschwiegenheit, die auch für Rudolf Steiners Umgang mit der Hauser-Thematik kennzeichnend gewesen war.

Der Zusammenhang zwischen Ita Wegman und Kaspar Hauser blieb offen, auch wenn König in seinem Notizbuch dem «Requiem» drei begründende Sätze voranstellte:

> So möge, was ich über ihn gedacht und gesonnen, ihr in dankbarer Liebe dargebracht sein. Dieses Kind Kaspar, das buddhamerkurhaft den Frieden bringen wollte, war verhöhnt und zuletzt getötet worden von den Gegen-Mächten. Auch sie war geduldig und still, weil sie den neuen Merkur-Stab trug, das Zeichen des heilenden Friedens.

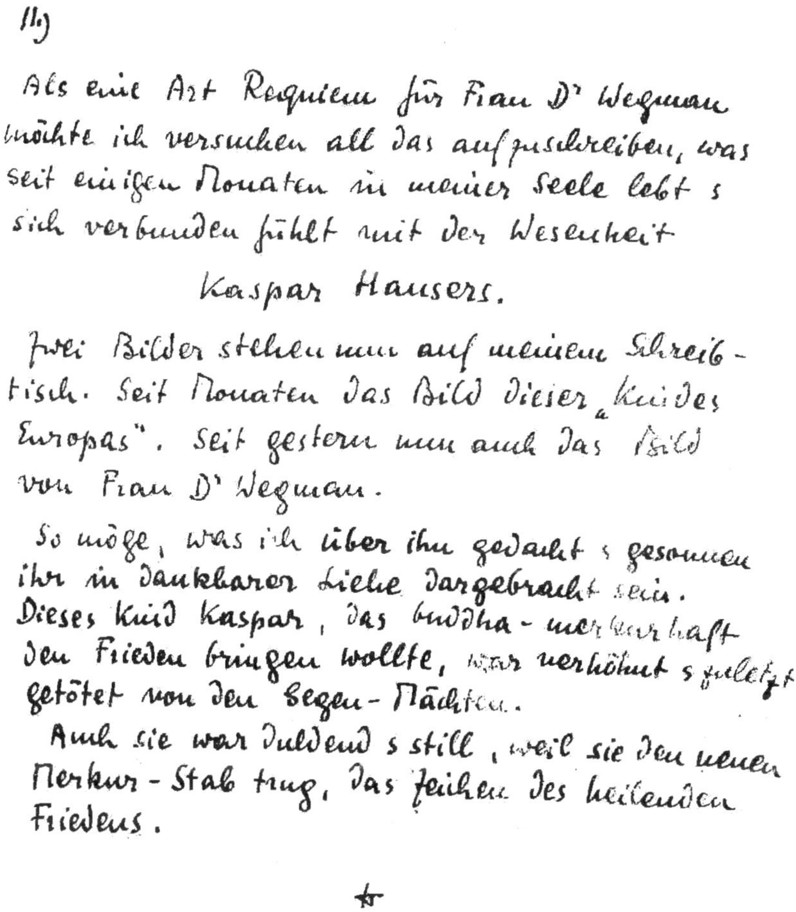

11.)

Als eine Art Requiem für Frau Dr Wegman möchte ich versuchen all das aufzuschreiben, was seit einigen Monaten in meiner Seele lebt u. sich verbunden fühlt mit der Wesenheit

Kaspar Hausers.

Zwei Bilder stehen nun auf meinem Schreib-tisch. Seit Monaten das Bild dieses „Kindes Europas". Seit gestern nun auch das Bild von Frau Dr Wegman.

So möge, was ich über ihn gedacht u. gesonnen ihr in dankbarer Liebe dargebracht sein. Dieses Kind Kaspar, das buddha-merkurhaft den Frieden bringen wollte, war verhöhnt u. zuletzt getötet von den Gegen-Mächten.

Auch sie war duldend u. still, weil sie den neuen Merkur-Stab trug, das Zeichen des heilenden Friedens.

✠

Aus dem Notizbuch Karl Königs.

Karl König gedachte Ita Wegmans in ihren nachtodlichen Tagen demnach als eines Menschen, der – wie Hauser selbst – eine tiefe therapeutische Mission in und mit sich getragen hatte; darüber hinaus, so lässt die Zusammenstellung der Sätze vermuten, sah König auch Wegmans Lebensweg als hart bedrängt und zumindest teilweise verhindert an – er erwähnte die Verhöhnung und den Mord durch die «Gegen-Mächte», den Hauser erfuhr und ertrug (in, so König, «völliger Ergebenheit und Demut»), und fuhr im unmittelbaren Anschluss über Ita Wegman fort: «*auch sie* war geduldig und still, weil sie den neuen Merkur-Stab trug, das Zeichen des heilenden Friedens.» Hans Müller-Wiedemann schrieb sogar:

> Bei allem Rangunterschied lebte in Ita Wegman der Zusammenhang der Wesensart Kaspar Hausers mit dem lukanischen Jesus-Kind.[71]

Ita Wegman, die am 4. März 1943 siebenundsechzigjährig starb, war für Karl König die zentrale Führungsgestalt seines biographischen Weges gewesen, auch seines Weges in die Anthroposophie und die von Rudolf Steiner begründete anthroposophische Heilpädagogik.[72] Ita Wegman hatte Karl König in Wien geradezu «abgeholt»; sie hatte ihm eine Klinikassistenz in Arlesheim ermöglicht und ihn zum Sonnenhof, in die heilpädagogische Arbeit geleitet; von ihr war er in die Medizinische Sektion der Freien Hochschule für Geisteswissenschaft aufgenommen und zur dortigen Mitarbeit aufgefordert worden; sie hatte ihm viel von Rudolf Steiner erzählt, ihn auf seinem persönlichen Weg ermutigt, auf ihn gesetzt und ihn sorgsam korrigiert. Wenn König wiederkehrend in Selbstzweifel verfallen war oder Fehler begangen hatte, war sie ihm beigestanden, in weiser Führung und mit einer Kraft, die Qualitäten eines mütterlichen Elements vorwies, aber keineswegs darin aufging. «*Im Schutz ihres Wesens* ging alles ausgesprochen gut», schrieb König einmal über sich – auf seinem schwierigen Pfad – und Ita Wegman. Karl Königs

Erschütterung durch Wegmans Tod war von der Empfindung einer existentiellen Verlassenheit geprägt – «das Zentrum der neuen Medizin, der neuen Heilpädagogik, der Arzt und Helfer, der Rater vieler, vieler Menschen, der Helfer und mütterliche Freund, *ist nicht mehr.* Mir ist es, als wäre ein Lebensnerv in meinem Inneren durchschnitten. Dass ich sie hier auf Erden nicht mehr sehen werde, kann ich kaum glauben. Wie leer ist es plötzlich um mich herum?» (Notizbuch, 5. März 1943).

*

> Auch sie war geduldig und still, weil sie den neuen Merkur-Stab trug, das Zeichen des heilenden Friedens.

Im Unterschied zu vielen ihrer Kontrahenten innerhalb der Anthroposophischen Gesellschaft erlebte Karl König Ita Wegman in ihren heilenden Qualitäten, als Trägerin des «neuen Merkur-Stabes», im Wirken des «heilenden Friedens». Er erlebte sie in ihrer Fähigkeit, sich dem Schicksal der Zeit und ihrer Mitmenschen realiter auszusetzen, an ihnen in tiefer Weise Anteil zu nehmen:

> Sie [Ita Wegman] war stets betroffen von der Geschichte ihrer Zeit, und sie war jemand, der in die Ereignisse um sie herum eingetaucht ist, ob sie unmittelbar damit zu tun hatte oder nicht. Sie hatte ein erstaunlich offenherziges Wesen.[73]

König erlebte – in seiner Arlesheimer Zeit und in den Jahren danach – Ita Wegmans Güte und soziales Gewissen, ihre außerordentliche Brüderlichkeit:

> Immer wenn ich sie traf, musste ich mir sagen: ‹Homo sum›, weil dieses Gefühl von ihr ausstrahlte und man es erleben konnte. Sie konnte zärtlich sein, voller Liebe und Hingabe und besorgt

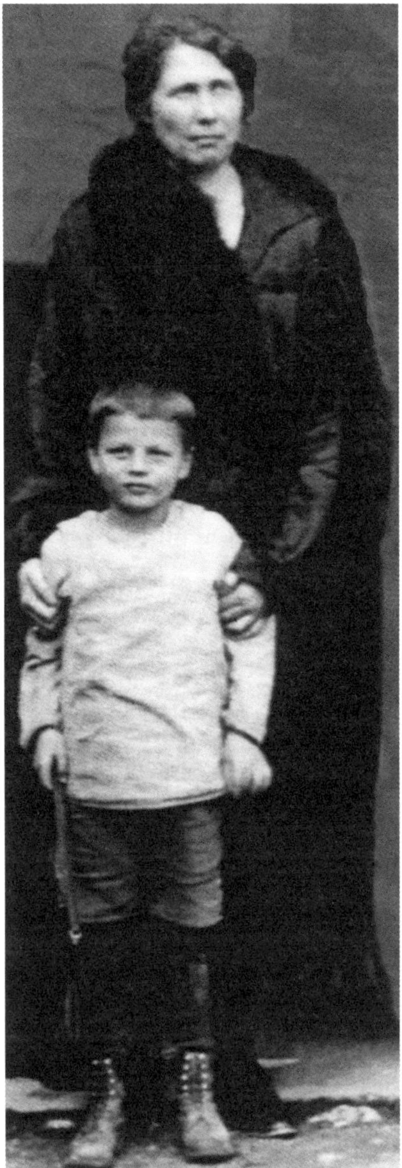

Dr. Ita Wegman mit einem Kind.

> um jeden, der in Not war. Sie konnte jedem zuhören, der mit ihr sprach. Wenn sie zuhörte, stellte sie alles beiseite, was sie vorher oder nachher beschäftigte; sie war ganz für diesen einen Menschen da.[74]

König erlebte Wegman als Ärztin, die sich Menschen in schwierigsten Schicksalssituationen verantwortlich, verbindlich und mit hohem Können annahm, sie in ihrer Sprechstunde, in ihrer Klinik oder auf ihren Reisen sah – sich mit ihnen zusammensetzte, sie beriet und begleitete. Karl König erfuhr Ita Wegmans entsprechende Gabe an der eigenen Seele und in seiner eigenen Lebensgeschichte, darüber hinaus an vielen anderen Menschen unterschiedlichster Provenienz:

> Für sie war jeder gleich. Ob sie sich um ein behindertes Kind kümmerte, einen schreienden Wahnsinnigen, einen preußischen General oder einen englischen Grafen, um einen jungen Arzt oder einen Medizinstudenten, eine Krankenschwester, einen Gärtner oder Bettler – sie sprach mit allen in der gleichen Weise: wie eine Schwester zu ihrem Bruder. [...] Auf die eine oder andere Weise verwendete sie alles zur *Heilung*; ein Medikament, ein starkes Wort, einen liebenden Blick, ein Musikstück, ein Gemälde, einen Spaziergang durch die Landschaft; was immer ihr zur Verfügung stand, gebrauchte sie. Sie war nicht wie jene Ärzte, die ein Medikament verwenden und vielleicht eine Salbe und sonst nichts, weil für sie die Medizin so eng geworden ist. Sie haben vergessen, dass die ganze Welt, wenn sie richtig genommen wird, therapeutisch ist. Ita Wegman erkannte den gleichen Geist der Brüderlichkeit in allem, was lebendig war, beseelt, durchgeistet – und sie verwendete es, um zu heilen.[75]

Indem Karl König das Bild Ita Wegmans neben dasjenige Kaspar Hausers stellte – dem schutzlosen «Kind Europas» –, ordnete er Hauser eine große Hüterin und Heilerin zur Seite. König wusste, dass Ita Wegman über die von Tucher ersehnte «höhere Hand» in der Führung eines außerordentlichen Menschen wie Kaspar Hauser verfügte – oft hatte er Ita Wegman in dieser Weise erlebt, auch im Umgang mit den ungewöhnlichen Kindern und Jugendlichen des «Sonnenhofs» sowie der anderen heilpädagogischen Institute, die sie regelmäßig besuchte. Überall hatte man Ita Wegman um Rat gefragt, den sie bereitwillig gab – ohne jedes Eigeninteresse und ganz aus den individuellen Seinsbedingungen des Anderen heraus. Selbst hervorragende Persönlichkeiten wie Georg Friedrich Daumer und Anselm von Feuerbach hatten ein je spezifisches Eigeninteresse an Hauser, und wurden seiner Individualität lediglich ansatzweise gerecht – bei Ita Wegman hatte König anderes kennengelernt, auf dem Boden der Anthroposophie und in der herzoffenen Erfahrung des jeweiligen Gegenübers. Ita Wegman war eine Schutzgestalt für Karl König, in Königs Augen aber auch für Kaspar Hauser – «*Im Schutz ihres Wesens* ging alles ausgesprochen gut.» [76]

*

Darüber hinaus hatte Karl König miterlebt, wie Ita Wegman mit Angriffen umging, die sie trafen und in ihrer Wirksamkeit aufzuhalten suchten. Nach Rudolf Steiner war Ita Wegmans Individualität schicksalsmäßig zum Kampf mit den «Dämonen» bestimmt («In den Kampf der Dämonen bin ich nun einmal schicksalsmässig eingesetzt, den werde ich wohl auszukämpfen haben ...»[77]). Wegman hatte diesen Kampf mit den Zerrformen des materialistischen Denkens des 19. Jahrhunderts, aber auch mit konkreten Personen und Kräften nach Rudolf Steiners Tod tatsächlich auf sich genommen, in der Zeit der nationalsozialistischen Herrschaft und des Zweiten Weltkriegs, aber auch in Dornach, ohne viel darüber zu sprechen – für König war dieser Einsatz Ita Wegmans ohne Zweifel Teil der «okkulten Geschichte» Mitteleuropas. Karl König erlebte Wegman unter Michael stehend und in rosenkreu-

Die Fotografie Ita Wegmans, die auf Karl Königs Schreibtisch stand.

zerischer Wirkensrichtung; er erlebte sie in ihrer Realverantwortung für den Fortgang der ersten Klasse der Dornacher Hochschule als einer konkreten «Michael-Schule» und damit in jener Zukunftsströmung, der auch Kaspar Hauser angehört hatte – und in der er nach König weiter wirkte. Auch hatte Karl König erfahren, wie sich Ita Wegman für das Wesen des Seelenpflege-bedürftigen Kindes lebenslang eingesetzt hatte, in individueller Zuwendung und im Aufbau der heilpädagogischen Institute, denen sie eine entscheidende Rolle für die Gestaltung einer humanen Zukunftskultur beimaß. Als die mitteleuropäische Situation auf den Abgrund zusteuerte, hatte König Ita Wegmans unverrückbare Sicherheit erlebt, «Inseln» des Neuanfangs zu schaffen, die sie in den heilpädagogischen Instituten verwirklicht sah:

> Wir müssen [...] kolossal dafür arbeiten, dass unsere Institute ganz intensiv auch dahin wirken, für die neue anbrechende schwere Zeit richtige Stätten zu werden, von wo aus man etwas Neues aufbauen kann [...]. (Wegman[78])

Ita Wegman war für König eine vorbildgebende Gestalt – indem er sich in die Gesamtsignatur ihres Wesens und Weges vertiefte, formte sich ihm ein Bild, das weit über die irdische, in Licht und Schatten seiende Persönlichkeit hinauswies, als Trägerin des «neuen Merkur-Stabes», das «Zeichen des heilenden Friedens».

Schließlich hatte König auch miterlebt, wie Ita Wegman absurde, perfide und außerordentlich verletzende Angriffe auf ihre eigene Person nahezu unbeantwortet ließ. Wie einige andere, ihr nahestehenden Mitarbeiter in Arlesheim hatte König Wegmans Tränen auf den Generalversammlungen der Allgemeinen Anthroposophischen Gesellschaft gesehen, und ihren weitgehenden Verzicht auf eine konturierte Selbst-Verteidigung erstaunt zur Kenntnis genommen. Im Vorfeld der Dornacher Generalversammlung der Allgemeinen Anthroposophischen Gesellschaft vom März 1934 war Wegman lebensbedrohlich erkrankt – als sie im großen Saal des

Goetheanum erneut massiv attackiert und als «Karzinom der Anthroposophischen Gesellschaft» bezeichnet wurde, lag sie sterbenskrank in ihrem Arlesheimer Holzhaus und sehnte sich nach dem Tod.[79] In diesem Frühjahr des Jahres 1934 hatte Königs Pilgramshainer Gespräch mit Eugen Kolisko über Kaspar Hauser stattgefunden – im Bewusstsein dessen, was sich zeitgleich in Arlesheim und Dornach ereignete. Sowohl Karl König als auch Eugen Kolisko erlebten in der Folge mit, wie Ita Wegman nach der Rekonvaleszenz von ihrer Erkrankung und einer Reise nach Palästina den christlichen Duktus ihrer Denk- und Handlungsweise weiter intensivierte und alle Angriffe über sich ergehen ließ.

> Geistige Wesenheiten haben Nahrung nötig, eine geistige Nahrung, die nur Menschenseelen ihnen geben können und die aus einer bestimmten Seelenhaltung, die *selbstlose Opferwilligkeit* in sich hat, hervorgehen kann. Können Seelen bejahen dasjenige, was an schweren Prüfungen an sie herankommt, dann kann eine gute Wirkung für die Zukunft entstehen.
> (Ita Wegman, 10. April 1935[80])

Eben diese «selbstlose Opferwilligkeit» hatte Karl König an Kaspar Hauser und in weiterer Perspektive auch an dem nathanischen Jesusknaben, ja an Christus Jesus erlebt – als Voraussetzung des «heilenden Friedens» in einer aggressiv umkämpften Welt. Die letztendliche Erlösung der Widersachermächte – auf der Basis eines wirklichen Mitleids mit ihnen – hatte Rudolf Steiner wiederholt als Wesenselemente des Christus-Wirkens bezeichnet. In dieser Weise waren Kaspar Hauser und Ita Wegman ihren Feinden verbunden – «das Positive in den Menschen sehen zu können, die sie so tief verletzt hatten, blieb immer Ita Wegmans sehnlichster Wunsch.» (Liane Collot d'Herbois[81])

Als Ita Wegman am 4. März 1943 in Arlesheim starb und Karl König noch am gleichen Tag die Todesnachricht in Schottland erhielt, wusste er noch nichts von ihrem letzten, verzeihenden Brief an Marie Steiner, die zum Zentrum der gegen sie gerichteten Angriffe gehört hatte – dieser Brief aber lag für König im gesamten Duktus von Wegmans Sein und Wirken:

> Sie war geduldig und still, weil sie den neuen Merkur-Stab trug, das Zeichen des heilenden Friedens.

Pfarrer Fuhrmann hatte auf der Beerdigung von Kaspar Hauser für dessen Mörder gebetet – diese Haltung war absolut vorbildlich für Ita Wegman. Karl Königs spontaner Entschluss, ihr seine Geschichte Kaspar Hausers als «Requiem» zu übergeben, hatte ganz offensichtlich mit all dem zu tun.

*

III. «Viel Unruhe und Angst»

Die Geschichte Kaspar Hausers und das Schicksalsjahr 1943

O Deutschland,
hundert Jahre nach seinem Tod,
da hast du Nürnberg
zur Stätte der Parteitage gemacht.
Hast Kräfte entfesselt,
die dämonisch und böse waren, wie die Napoleons.
Was damals Mars-Dämonie war
ist nun Venus-Dämonie geworden.
Damals
wurde das ‚Kind Europas' gemordet.
Heute
werden die europäischen Kinder gemordet.
Herodes beherrscht Bethlehem.

Karl König

Das Jahr 1943, in das die Niederschrift von Königs Kaspar-Hauser-Geschichte fiel, war nicht nur das Todesjahr Ita Wegmans, sondern auch von mehr als einer Million Menschen im Verlauf des Zweiten Weltkriegs. An Wegmans letztem Erdengeburtstag, am 22. Februar 1943 – eineinhalb Wochen vor ihrem Tod – starben in München Hans und Sophie Scholl sowie Christoph Probst, die widerständigen Studenten der «Weißen Rose». Für Deutschland hatte das Jahr mit Stalingrad begonnen, und König hatte am Ende der Heiligen Nächte, am 7. Januar – dem Tag nach Epiphanias – in sein schottisches Tagebuch geschrieben:

> Versuche [...] zu schlafen, was schwer gelingt. Der Krieg liegt auf allem.

Zwei Tage nach dem Tod der Geschwister Scholl und Christoph Probsts – den König in Schottland sehr wahrscheinlich nicht mitbekommen hatte –, notierte er: «Deutschlands Schicksal erfüllt mich ganz.» Am Ende des Jahres 1943 befanden sich weltweit 43 Länder gegen Deutschland im Krieg; die Allierten gewannen an allen Fronten gegen Hitlers Wehrmacht und verhandelten in Casablanca bereits über die zukünftige Aufteilung Mitteleuropas. Hitlers Propagandaminister Goebbels aber verkündigte in diesem Jahr den «totalen Krieg», meldete die erzielte «Judenfreiheit» von Berlin und war von der erhöhten U-Boot-Produktion und der Einziehung Jugendlicher in die Wehrmacht ohne Elterneinwilligung begeistert. Alle polnischen und russischen jüdischen Ghettos wurden im Verlauf des Jahres 1943 liquidiert, zusätzliche Konzentrations- und Vernichtungslager gebaut und die ersten Zigeuner nach Auschwitz deportiert und ermordet. Der Aufstand im Warschauer Ghetto fand ein tödliches Ende, die Märzattentate auf Hitler scheiterten und Dietrich Bonhoeffer, Klaus von Dohnany und Joseph Müller wurden in Berlin inhaftiert.

Für den Emigranten Karl König war das Jahr 1943 das bisher schwerste in der Geschichte Camphills. Ein erstes von der Gemeinschaft betreutes Kind starb in der zweiten Aprilwoche; heftige Krankheitswellen kamen einige Monate später, denen sich König kaum gewachsen fühlte. Auch zahlreiche Mitarbeiter erkrankten und einzelne verließen den Ort – Karl König selbst erwog zu dieser Zeit wiederholt, den rauhen Camphill-Platz nahe Aberdeen aufzugeben und im Süden Schottlands einen Neubeginn zu versuchen («Wir müssen, so fühle ich, eine neue Atmosphäre finden.» 80. April 1943). Immer wieder im Verlauf dieses Jahres zweifelte König an der Überlebensfähigkeit der Gemeinschaft und ihres Werkes – «dass doch die Arbeit hier in Camphill verurteilt ist, zu Grunde zu gehen.» (21. August 1943) Nach der psychiatrischen Erkrankung einer Mitarbeiterin und unzähligen persönlichen Schwierigkeiten in seinem nächsten Umfeld, schrieb König am 26. und 28. Mai in sein Tagebuch: «Bin sehr am Ende und verzweifelt.» «Fühle mich völlig am Ende.»

Trotz der schicksalhaften Härte dieser Zeit aber arbeitete König unentwegt weiter. In seinen Händen lag die Gesamtverantwortung und -führung Camphills, dessen Organisationsform er auch 1943 kontinuierlich weiterzuentwickeln suchte; er sah täglich Kinder und arbeitete an ihren Therapieprozessen, führte darüber hinaus zahlreiche Kinder-Konsultationen in London und Clent durch. Er stand den Mitarbeitern für Einzelgespräche – in persönlichen, biographischen wie esoterischen Fragen – zur Verfügung, betreute viele von ihnen auch ärztlich und war in umfassender Weise für sie tätig. König arbeitete für die soziale Gemeinschaft, bewältigte eine ausgedehnte Korrespondenz, hielt unzählige Vorträge und Seminarstunden – aber auch kultische Handlungen –, war bei der Gartenarbeit und in verschiedenen Werkstätten Camphills anzutreffen, plastizierte mit den Kindern Organformen (insbesondere den menschlichen Kehlkopf) und studierte mit den Mitarbeitern die Oberuferer Spiele ein – wobei er die Spieler eigenhändig schminkte, wie dies Rudolf Steiner in Dornach getan hatte.

Königs anthroposophische Studien waren 1943 – trotz der äußerlich so bedrängten Situation – überaus vielfältig, von großer Dichte und schwer nachvollziehbarem Themenumfang. Umfangreiche Niederschriften entstanden zum menschlichen Herzorgan und zum Aufbau des Johannesevangeliums, zu Rilke und el Greco, zur sakramentalen Anatomie und zur Geburtenstatistik von Kindern mit Down-Syndrom – sowie zu zahlreichen anderen, thematisch weitgespannten Motiven. Im

Hinblick auf die Niederschrift der Geschichte Kaspar Hausers und der in ihr thematisierten Inhalte erscheint dabei von Bedeutung, dass König nach einem inneren Erlebnis (beim morgendlichen Erwachen am 10. Januar) das ganze Jahr 1943 – neben seinen weitverzweigten Arbeiten – das Hereinragen (oder Wiederauftauchen) der ägyptischen Kulturepoche in der Gegenwart verfolgte («Vision über Ägypten in unserer Zeit»; 10. Januar 1943). Königs geistige Auseinandersetzung mit der Osiris-Isis-Thematik – sowie der von Rudolf Steiner am 7. Januar 1918 eröffneten «neuen Isis-Legende» – war außerordentlich intensiv und bestimmte das Jahr 1943 untergründig mit; zu den Mitarbeitern Camphills sprach König wiederholt in Vorträgen darüber (so am 2. November und 12. Dezember 1943), unterhielt sich aber auch mit Walter Johannes Stein, der im Oktober 1943 zu Besuch kam, über diese Thematik, und machte umfangreiche Aufzeichnungen. Gemeinsam lasen König und Stein, der der zentrale Freund und Weggefährte Eugen Koliskos gewesen war, Rudolf Steiners Vortragsdarstellungen der «neuen Isis-Legende», und besprachen sich lange darüber. – Auch das Kaspar-Hauser-Thema tauchte (ebenso wie Studien zum 19. Jahrhundert in wissenschaftsgeschichtlicher und biographischer Orientierung) bereits in den Wochen *vor* der «Requiem»-Niederschrift in Königs innerem Erleben auf – am 17. Februar notierte er in seinem Tagebuch:

> Bin ganz eingehüllt in Haeckel [...], Kaspar Hauser und die neue Isis-Legende. Finde viel wundersame Dinge, auch in Beziehung zu Okens Zeitschrift *Isis*.

Wodurch er Mitte Februar 1943 erneut zu Kaspar Hauser gestoßen war, vermerkte sich König nicht explizit. Spätestens seit der zweiten Januarhälfte aber hatte er den Plan verfolgt, eine «Feier» des *Heilpädagogischen Kurses* Rudolf Steiners – mit zahlreichen Vorträgen – in Camphill abzuhalten, anlässlich der «Mondknoten»-Wiederkehr des Kurses vom Juni 1924. Die intendierte Veranstaltung fand Anfang Februar 1943 tatsächlich statt, mit verschiedenen Beiträgen Königs, die voller Entdeckungen über die kosmischen Geheimnisse der Kurskomposition waren – und die ihn möglicherweise erneut zu Kaspar Hauser, den «Schutzpatron» der behinderten Kinder, führten (*«Bin sehr gepackt von der Gestalt und dem Schicksal der Heilpädagogik.»* 28. Januar 1943). Ab Anfang März nahm König auch die Lebens- und Werkgeschichte Jakob Wassermanns, der zwischen 1905 und 1907 seinen Roman *Kaspar Hauser oder die Trägheit des Herzens* unter besonderen Entstehungsumständen verfasst hatte, ganz in seine innere Beschäftigung und Suche auf:

> Dann bin ich ganz an das Leben Jakob Wassermanns hingegeben, der mir immer mehr von Kaspar Hauser überschattet erscheint. Fühle mich sehr diesem Schicksal verbunden. (1. März 1943)

Drei Tage später erhielt Karl König die Nachricht vom Tode Ita Wegmans.

*

In seiner «Kaspar-Hauser-Geschichte», seinem «Requiem» für Ita Wegman, verwob König in der Zeit vom 5. bis zum 8. März 1943 zahlreiche Motive auf engem Raum, in Zahlen und Geschehnissen, Personen und Bildern – in 28 kleinen «Kapiteln». Er rief das Hauser-Ereignis vor dem Hintergrund Mitteleuropas, zwischen West und Ost, Amerika und Russland, auf – auch im Hinblick auf die versäumte Mission Österreichs in Jahrzehnten weltgeschichtlicher Entscheidung. König verband Nürnberg und Wien, sprach vom Weg der «Reichskleinodien» und dem «Reichskleinod» Kaspar Hauser, der aufgehalten und später von Rudolf Steiner fortgesetzt wurde («Was Hauser entrissen wird / Ergreift Steiner wieder.»); er sprach im zeitgenössischen Bezug («O Deutschland, / 100 Jahre nach seinem Tod / Da hast Du Nürnberg / Zur Stätte der Parteitage gemacht»), und gedachte dem Kindermord, der «Euthanasie» der Nationalsozialisten. Innerhalb von Königs «Requiem» ging Hauser dem

Anbruch der ätherischen Wiederkunft Christi in derselben Weise voraus wie einst der Essäer Jeshu ben Pandira dem Mysterium von Golgatha; sein Erscheinen aber fiel in die Zeit des kulminierenden Materialismus der Naturwissenschaft und ihrer folgenreichen Entstellung des Menschenbildes. König zeichnete die Stationen der naturwissenschaftlichen Expansion und Verfremdung des 19. Jahrhunderts an einzelnen Schritten und Personen nach – zeitgleich zur Vernichtungsrealität der Konzentrationslager, in denen das verdunkelte «Bild des Menschen» die Freigabe seiner «Vernichtung» implizierte. – Darüber hinaus skizzierte König in seinem «Requiem» auch das Wiedererscheinen Ägyptens und seine Frage nach dem Menschen im 19. Jahrhundert – und ließ das «Requiem» in die Welt von Isis, Osiris und Horus, aber auch Typhons münden. Napoleon, so König, wirkte als «Mars-Dämon» wie Typhon; die Sixtinische Madonna Raffaels, die 1753 nach Dresden kam, dagegen wie Isis, Kaspar Hauser wie ihr Sohn, Horus. Am 7. März, einen Tag vor Abschluss seines Requiems («schreibe unter großem Druck den Kaspar Hauser fertig. Es ist seltsam.» 8. März 1943), vermerkte sich König in seinem Tagebuch:

> Morgens halte ich die kleine Handlung. Vorher Vision die mich sehr erschüttert: Typhon – Napoleon.

*

Ob und gegebenenfalls wem Karl König sein «Requiem» zeigte, ist nicht bekannt. Vieles spricht jedoch dafür, dass er es in London, eine Woche nach Abschluss des Manuskripts (kurz nach einem Totengedenken für Ita Wegman innerhalb der Anthroposophischen Gesellschaft), dem mit ihm zu dieser Zeit eng verbundenen Priester der Christengemeinschaft, Alfred Heidenreich, vorlas – am 15. März notierte er in seinem Tagebuch: «Lese ihm einiges aus Kaspar Hauser vor. Wenig Verständnis.» Weitere Eintragungen dieser Art finden sich in Königs Nachlass nicht – möglicherweise behielt er das «Requiem» nach dieser Erfahrung weitestgehend für sich. An seinen Motiven aber arbeitete König unmittelbar weiter. Er setzte seine Studien zu Jakob Wassermann – über den er an Pfingsten in Camphill Vorträge hielt – und seine Arbeiten zu Ägypten, zum Isis/Osiris-Mythos und zur «neuen Isis-Legende» fort, mit Büchern, die er in London in Buchhandlungen und Antiquariaten suchte, und bezog weitere Vorträge Rudolf Steiners sowie eigene Erlebnisse in den Gesamtzusammenhang ein. Der inhaltlich ergiebigste Austausch, der König in diesen Monaten widerfuhr, ereignete sich in den zuvor erwähnten Gesprächen mit Walter Johannes Stein Anfang Oktober 1943. König hatte Stein zu Vorträgen nach Camphill eingeladen, unter anderem über die Geschichte der Templer, die unmittelbar angrenzend an das Camphill-Gelände, auf der anderer Seite des Dee-Flusses, eine bedeutende Niederlassung gehabt hatten – und der sich die von König begründete Camphill-Gemeinschaft nahe fühlte. Walter Johannes Stein, der Rudolf Steiner und Ita Wegman oft gesprochen hatte, teilte Karl König offenbar vieles mit («Die Diane-Mysterien [von Ephesus] waren Mercur-Mysterien. Die Weisheiten der Planeten wurden enthüllt. – Es waren Liebes-Mysterien.» Notizbuch Karl König, o.D.). Über seine gemeinsame Lesung der «neuen Isis-Legende» und sein anschließendes Gespräch mit Walter Johannes Stein hielt Karl König Anfang Oktober 1943 in seinem Tagebuch unter anderem fest:

> Dann las ich mit Dr. Stein einige Stellen aus der neuen Isis-Legende und dabei erschien manches wie ein direkter Abguss des Hauser-Lebens. Wenn da z.B. Dr. Steiner sagt:
> Einstmals nahte sich der schlafenden Gestalt der neuen Isis zum ersten Male und dann immer wieder und wiederum eine andere Gestalt, wie ein Besucher. Und die schlafende Isis hielt diesen Besucher für ihren besonderen Wohltäter und liebte ihn. Und sie glaubte eines Tages an eine besondere Illusion, ebenso wie der Besucher eines Tages an eine besondere Illusion glaubte: die neue

Isis bekam einen Sprossen — und sie hielt den Besucher, den sie für ihren Wohltäter hielt, für den Vater. Der hielt sich selber für den Vater, aber er war es nicht. Der geistige Besucher, der kein anderer war als der neue Typhon, er glaubte, dass er dadurch in der Welt einen besonderen Zuwachs seiner Macht erhalten könnte, dass er sich dieser neuen Isis bemächtige.
Ist es nicht Hauser und Napoleon, von denen hier gesprochen wird? Glaubte nicht Napoleon, dass er der Vater Hausers ist? Und er wars nicht! Wer aber ist die neue Isis? Ist sie nicht ‹Anthropo-Sophia›?
So hatte die neue Isis einen Sprossen. Aber sie erkannte sein Wesen nicht, sie wusste nichts von der Wesenheit dieses neuen Sprossen. Und sie verschleppte ihn, sie trug ihn hinaus weit in die Lande, weil sie glaubte, dass sie das so tun müsse.
So wurde Kaspar Hauser verschleppt, weit hinaus ins Land und ausgesetzt.
Sie verschleppte den neuen Sprossen, und da sie ihn durch verschiedene Gegenden der Welt geschleppt hatte, verschleppt hatte, da zerfiel er wie durch die Gewalt der Welt selber in vierzehn Stücke.
So hatte die neue Isis ihren Sprossen hinausgetragen in die Welt, und die Welt hatte den Sprossen zerstückelt in vierzehn Stücke. Als dieses der Geistbesucher erfahren hatte, der neue Typhon, da hat er die vierzehn Stücke zusammengesucht, und mit all den Kenntnissen der naturwissenschaftlichen Tiefgründigkeit hat er aus diesen vierzehn Stücken wiederum eines gemacht, ein Wesen. Aber in diesem Wesen war nur mechanische Gesetzmäßigkeit, nur maschinenmäßige Gesetzmäßigkeit. So war ein Wesen entstanden mit dem Schein des Lebens, das aber maschinenmäßige Gesetzmäßigkeit hatte. Und dieses Wesen, weil es aus vierzehn Stücken entstanden ist, konnte sich wiederum vervierzehnfachen. Und Typhon konnte jedem Stück einen Abglanz seiner eigenen

Wesenheit geben, so dass jedem der vierzehn Sprossen der neuen Isis ein Antlitz ward, das dem neuen Typhon glich.
Dann erzählte Dr. Stein einen Ausspruch Rudolf Steiners, wonach Napoleon 14 Heiraten stiftete, zur Besetzung der Throne seiner unterworfenen Staaten. Alle diese Heiraten wurden aufgelöst, nachdem Napoleons Macht gebrochen war, weil sie keine Liebesheiraten waren. Nur eine Heirat blieb, weil sie sich zur Liebe entwickelte und das war die zwischen Stefanie (Beauharnais) und dem Großherzog von Baden. Dieser Ehe entstammte ‹angeblich› Kaspar Hauser.
Dann sagte Rudolf Steiner, dass in Napoleons Leben nicht der 7er, sondern der 10er Rhythmus gesucht werden muss. Das dekadische System wurde in der französischen Revolution eingeführt. Sind diese 14 Ehen und 14 Staaten die 14 Glieder des zerstückelten Horus? Und die wiedergewonnene, von Typhon (Napoleon) zusammengesetzte Gestalt der napoleonische Staat?
Dr. Steiner sagte, dass dieser Staat ein Leib ohne Seele war (mit maschinenmäßiger Gesetzmäßigkeit), wie die französische Revolution eine Seele ohne Leib war.
Auch sagte R. Steiner, dass er Napoleons Seele nicht auffinden konnte, denn sie war mit einem Kometen hinaus ins Weltall, jenseits der Planetensphären gezogen und später erst wieder zurückgekommen. [...]
Wenn ich an die Vervierzehnfachung der 14 Teile des Horus geführt werde, stehen immer die Eisenstränge des Schienen-Netzes vor mir. Kann es nicht sein, dass in die Eisenbahnen Napoleons Reich sich hineinmetamorphosierte?
Die Jahreszahlen der ersten Bahnen sind:
1825: Stockton – Darlington
1830: Liverpool – Manchester
1833: Manchester – Birmingham – Leeds
7.XII.1835: Nürnberg – Fürth, Brüssel – Mecheln

1837: Leipzig – Dresden
1838: Wien – Wagram
Berlin – Potsdam

Ist es ohne Bedeutung, dass die erste deutsche Eisenbahn in Kaspar Hausers Stadt Nürnberg ihren Anfang nahm? Dass sie fast genau 2 Jahre nach Hausers Tod eröffnet wurde und 7 Jahre nach Hausers Einzug in Nürnberg?
Sind nicht alle Eisenbahnen der Erde ein Staat, ein Körper ohne Seele, ein Maschenwerk, eine eiserne Verkettung der Erdoberfläche? Wie viele Vervierzehnfachungen von Vervierzehnfachungen sind da geschehen und geschaffen? Napoleons Reich geht unter, aber das Reich der Schienen ersteht! Tönt nicht Rudolf Steiners Spruch:

Oh Mensch,
Du bildest es zu deinem Dienste,
Du offenbarst es seinem Stoffeswerte nach
In vielen deiner Werke.
Es wird dir Heil jedoch erst sein,
Wenn dir sich offenbart
Seines Geistes Hochgewalt!

Der Mars-Dämon muss durchschaut werden, ehe das wirkliche Eisen leuchten kann.

*

In dieser Weise bewegte Karl König die Kaspar-Hauser-Frage das ganze Jahr 1943 hindurch, in Verbindung mit Ita Wegman («Fühle Dr. Wegman sehr nahe.» 5. Juni 1943) und in Verbindung mit Rudolf Steiner, ja dem Wesen der Anthroposophie – im Dezember 1943 hielt König in Camphill einen großen Vortrag über Rudolf Steiners Beziehung zu Osiris, wiederum unter Bezugnahme auf das Hauser-Schicksal.[82] Mit der intensiven Besinnung auf Rudolf Steiners *Heilpädagogischen Kurs* aus dem Jahre 1924 hatte König das Jahr 1943 begonnen, mit der Konzentration auf die «Gestalt» und das «Schicksal» der Heilpädagogik, die für ihn untrennbar mit der Individualität Kaspar Hausers verbunden war. In der Vorosterzeit war Ita Wegman gestorben – ihr Tod gab den Anlass für eine erste Niederschrift seiner Hauser-Gedanken. Kaspar Hausers Gestalt – oder sein Stern – hatte König dann auch in den nachfolgenden Monaten eines Jahres begleitet, in dem Camphill durch schwere Krisen ging, inmitten katastrophaler Zeitumstände.

Camphill war eine kleine Oase für Seelenpflege-bedürftige Kinder, im Norden Schottlands und von jüdischen Flüchtlingen gegründet, die aus Wien gekommen waren. Was in Camphill versucht und anfänglich gelebt wurde, im Hinblick auf den «behinderten» Menschen und die Gemeinschaft, war ein Gegenbild dessen, was im Zentrum Mitteleuropas geschah – in der dämonischen Umsetzung sozialdarwinistischer, rassistischer, eugenischer, antisemitischer und nationalistischer Gedanken, die überwiegend dem 19. Jahrhundert entstammten, nun jedoch in systematisch-brutaler und technologischer Weise zur Anwendung kamen. Karl König stellte das Bild des Menschen, wie er es in der Anthroposophie Rudolf Steiner wiederaufgerichtet fand, in das Zentrum der Bemühungen Camphills, die er immer als gelebte Opferprozesse verstand – im Geist des «Fünften Evangeliums», der Kultur der erkennenden Selbstlosigkeit und Kaspar Hausers. *«Er bot mir an, in der Camphill-Bewegung mitzuarbeiten, empfahl mir das Studium von Kaspar Hausers Leben und das Studium des Fünften Evangeliums von Rudolf Steiner»*, schrieb Erhard Fucke, der sich nach dem Ende des Zweiten Weltkriegs für eine Mitarbeit in Camphill interessierte und bei König vorstellte.[83]

In der Dezemberzeit des Jahres 1943, nach einer weiteren, gravierenden Krankheitsepidemie in Camphill – und einer verzweifelten Erschöpfung – wurde Karl König auf seinen inneren Wegen dann noch zu Friedrich Schiller geführt, dessen Leben und Wirken zu Beginn des 19. Jahrhunderts wie dasjenige Kaspar Hausers vorzeitig abgebrochen worden war.[84] «Viel Unruhe und Angst noch vor dem Schlaf. Sehr auf Schiller hingelenkt und über ihn gelesen.» (13. Dezember 1943) «Über Schiller gearbeitet und gelesen. Sehr ergriffen.» (14. Dezember 1943) «Fühle, wie wesentlich seine Bedeutung für uns ist.» (25. Dezember 1943). Kaspar Hauser und Friedrich Schiller waren für Karl König Träger großer mitteleuropäischer Zukunftsimpulse – sie gehören der ungeschriebenen Geschichte eines anderen 19. Jahrhunderts an, das nicht (oder nur sehr bedingt) zum Durchbruch kommen konnte. Als wirksame, weiterführende Zukunfts-Individualitäten aber erlebte König beide – am Anfang, im Zentrum und am Ende eines Jahres, das nicht nur ein Schicksalsjahr Camphills, sondern auch Deutschlands und Mitteleuropas war.

> Die nationalsozialistische Bewegung ist nicht so sehr eine anti-christliche, als eine anti-buddhistische Bewegung. – Sie kämpft gegen den Engel des Buddha, der zum deutschen Volksgeist werden sollte. – Sie kämpft gegen die Lehre von Mitleid und Liebe

schrieb Karl König Anfang Oktober 1943 in sein Notizbuch.

*

IV. «Du sollst der Hüter der Hütte sein»

Karl König und die Seelenpflege-bedürftigen Kinder

> *In seinen Händen hielt er ein Bild, das sah so aus wir er, und das gab er mir und sagte: «Hänge das Bild in der Hütte auf, es wird das Haus zu meiner Stätte machen.» Das tat ich denn auch ...*
>
> *Karl König*[85]

Hans Müller-Wiedemann sprach von der «Ankunft» Kaspar Hausers im Jahre 1943 in Camphill, im unmittelbaren Zusammenhang mit dem Erdenabschied Ita Wegmans, und schrieb über die weiteren Entwicklungen: «Kaspar Hausers Lebensgeschichte wurde im Laufe der Jahre urbildlich zur Lebensgeschichte des behinderten Kindes, seiner Stellung in der Welt und unserer Aufgaben seiner Erziehung. Das Urbild Kaspar Hausers erhob sich zum ersten Mal 1943 aus der Not und dem Schmerz dieses Jahres und wurde Leitstern der sich entwickelnden Camphill-Bewegung.»[86]

Tatsächlich griff König die Hauser-Thematik bereits kurz nach dem Ende des Zweiten Weltkriegs – und der rasch einsetzenden Expansion Camphills – wieder auf, in innerer wie äußerer Weise. In der Weihnachtszeit des Jahres 1946 schrieb er seine «andere» Weihnachtsgeschichte nieder, nach einem spirituellen Erlebnis, das mit Kaspar

Hauser verbunden war.[87] König war in einem traumhaft-übersinnlichen Zustand den in Camphill verstorbenen Kindern begegnet, die in einem anderen Reich lebten, in dessen Zentrum eine Hütte stand. Als König, nach Gesprächen mit verschiedenen der Kinder, innerhalb seines traumhaften Bilderlebens in diese Hütte eintrat, traf er dort Sandy Thompson, der im April 1943 in Camphill verstorben war – sowie ein Bild an der Wand:

> Es war ein junger Mensch in armen Kleidern mit bloßen, blutenden Füßen, und er hielt einen großen Hut in der Hand, so als wollte er alle Menschen grüßen und sich vor ihnen verneigen.
> ‹Warum ist Kaspar Hausers Bild hier?›, dachte ich.
> Sandy blickte auf mich und sagte: ‹Weißt Du es nicht?› Ich meinte, dass ich es mir schon denken könnte oder dass ich es zumindest ahnte, aber so ganz sicher war ich halt nicht.
> Da sagte Sandy: Als ich zum ersten Mal hierher kam, baute ich diese Hütte. Du weißt, es ist schon viele Jahre her, und ich wusste zuerst nicht, warum ich es tat. Ich hatte solch einen Drang in meinem Herzen und sammelte Äste und Bretter, und von überall her kam mir Hilfe. Dann war es gut, als die Hütte gebaut war; mein Herz wurde friedlich, und ich liebte es, in der Hütte zu sitzen und zu warten. Ich wusste nicht worauf. Die Sonne ging und kam, und immer war es schön und friedlich hier oben; nur manchmal war ich allein. Ich zog die Blumen vor der Hütte und sah oft hinunter auf den blauen See, und einige Male kam auch meine Mutter mich besuchen; sie sagte, ich solle zu ihr kommen, dort wo sie und viele unserer Verwandten in einer anderen Hütte wohnten, aber ich konnte nicht. Denn wenn ich nur leise dachte, ich sollte zu ihr gehen, drang Sehnen und Angst in mein Herz, die sich erst lösten, wenn der Mut und der Wille zum Warten wieder erwacht waren.
> Dann eines Tages, als ich wieder auf den See hinunterblickte, sah

ich einen jungen Menschen den Gebirgspfad heraufkommen. Das Gehen war ihm schwer, und seine Füße bluteten, denn er hatte seine Stiefel über die Achsel gehängt. Als er endlich auf dem Anger angelangt war, sah ich sein liebes, aber trauriges Gesicht, und er sagte:

‹Endlich›.

‹Endlich›, dachte ich, ‹was meint er?›

‹Ja, endlich kann ich die Hütte, die du gemacht hast, zur meinigen machen.›

‹Zur deinigen?› fragte ich und war erstaunt, denn es war ja meine Hütte. Er aber sagte, dass er immer nach den Hütten suche, wo die Kinder, die nicht bei ihren Verwandten und Bekannten bleiben wollen, sondern ein anderes Schicksal suchen als das alte, aufgenommen werden können.

‹Willst du mich aber auch in der Hütte lassen?› fragte ich.

‹Ja sicher, du sollst der Hüter der Hütte sein. Wir wollen zusammen den Bund bereiten.›

Bei diesen Worten nahm er eine Wolke, die gerade vorüberzog, breitete sie um sich und verschwand darin. Ich hörte, wie er zu schluchzen anfing, und dann kam aus der Stelle, wo sein Herz sein musste, ein Leuchten, das immer stärker und schöner wurde. Dann verschwebte die Wolke, und er war wieder zu sehen. In seinen Händen hielt er ein Bild, das sah so aus wie er, und das gab er mir und sagte: ‹Hänge das Bild in der Hütte auf, es wird das Haus zu meiner Stätte machen.›

Das tat ich denn auch, und seither bereiten wir den Bund.

Ich war erstaunt über diese Rede, wusste ich doch gar nicht, was damit anzufangen. Ich erinnerte mich wohl, dass die Gestalt des Kaspar Hauser immer meinem Herzen nahe gewesen war, und ich wusste, dass sein Wesen mit der Arbeit, die wir tun, tief verbunden ist.

‹Ja, so ist es›, sagte Sandy. Bei diesen Worten, gleichsam wie zu

> ihrer Bekräftigung, schob sich eine kleine Hand in die meine, und als ich an mir herunterblickte, sah ich einen kleinen Jungen neben mir stehn. Er hatte ein strahlend helles Gesicht, das zu mir aufsah, und dabei drückte er fest meine Hand.
> ‹Ich bin auch hier›, sagte er. ‹Es ist schön, ein Kind Kaspar Hausers zu sein.›
> ‹Ja, Philipp›, sagte ich, ‹es ist schön, in der Hütte zu sein und den Bund zu bilden im Lande des Lebens und der Wahrheit.›[88]

*

In dieser Weise begleitete die Gestalt Kaspar Hausers Königs Bemühungen um die Seelenpflege-bedürftigen Kinder weiter, im schottischen Camphill und in verschiedenen Ländern der Erde, im inneren wie äußeren Erleben und Arbeiten. Als König am 24. Oktober 1948 eine große heilpädagogische Tagung im holländischen Zeist mit einem Vortrag eröffnen durfte – in einer ersten Nachkriegsbegegnung mit Freunden, die in der anthroposophischen Heilpädagogik in verschiedenen Ländern tätig waren – sprach er ausführlich über die «Geistgestalt Kaspar Hausers». In seinen vorbereitenden Notizen schrieb er:

> Das Thema: Kaspar Hauser, weil es zusammenhängt mit all dem, was als Heilpädagogik heute lebt, insofern es sich in den Kindern offenbart.

König schilderte in Zeist Hausers Leben in liebevoller Weise – und stellte es, wie in seinem «Requiem», erneut in die wissenschaftliche, politische und philosophisch-anthropologische Auseinandersetzung des 19. Jahrhunderts. Erstmals sprach König 1948 damit außerhalb Camphills über die Hauser-Zusammenhänge, die er im Wiederauftauchen Ägyptens zu Beginn des 19. Jahrhunderts sah, über Aspekte des napoleonischen Wirkens und ihrer Gegenströmung – so, wie er dies fünf Jahre zuvor, nach

Ita Wegmans Tod, in Camphill entwickelt hatte. Seine Aufzeichnungen für den Zeister Vortrag enden mit den Sätzen:

> Was sucht Napoleon? Er sucht den Osiris zu zerstückeln, Europa aufzuteilen und die ‹Isis› zu erreichen.
> Isis wartet in Dresden.
> Novalis gesellt sich zu ihr; auch Goethe und Carus und alle anderen, die den Strom des Merkur, den Strom der ‹Grünen Schlange› tragen, das Zeichen des Merkurstabes.
> Der ‹innere Strom der Geschichte›.
> Dieser Strom ist im 19. Jahrhundert untergetaucht.
> Wenige tragen ihn: Stifter, Schröer, Bruckner.
> Rudolf Steiner, neben vielen anderen, greift diesen Strom auf.
> Heute ist in der Offenbarung der Seelenpflege-bedürftigen Kinder die Sphinx wieder da. Die ganze Welt ist Seelenpflege-bedürftig.
> Die Heilung strömt aus dem Menschenbild, das wir im Herzen zu erwecken suchen.[89]

In den drei Jahrsiebten, die ihm nach dem Ende des Zweiten Weltkriegs bis zu seinem eigenen Tod noch verblieben, versuchte König, in diesem Sinne fortzufahren. Er ermöglichte nicht nur das Wachstum und die internationale Ausbreitung Camphills, die Gründung neuer Plätze und Gemeinschaften, sondern arbeitete unermüdlich daran, den inneren Kern und Gehalt der Initiative im wachen Bewusstsein der Mitarbeitenden zu halten, den *«inneren Strom der Geschichte»*. 1961, im 100. Geburtsjahr Rudolf Steiners, besuchte König die Lebensorte Kaspar Hausers und schrieb «The Story of Kaspar Hauser» für die Weihnachtsausgabe der Camphill-Zeitschrift *The Cresset*, in einfacher, einführender Art und Weise. König wollte mit seiner schlichten «Geschichte von Kaspar Hauser» unter den jungen Mitarbeitern Camphills ein Bewusstsein dafür wecken, dass in der «Offenbarung der Seelenpflege-bedürftigen Kinder» die Frage nach dem Menschsein und -werden in urbildlich-phänomenaler

Form in der heutigen Welt lebt – zugleich aber auch dafür, dass in der Vertiefung und Begegnung mit der Gestalt Kaspar Hausers Impulse der Heilung zu finden sind. Obschon Träger hoher Individualitätskräfte, war Hauser auf seinem Weg massiv aufgehalten und sein Leben und Wirken unermesslich erschwert worden. Die Anteilnahme an seinem Schicksal überwindet nach König die «Trägheit des Herzens»; sie erschließt Organe der Auffassung, die einem Menschen wie Ita Wegman eigen gewesen waren, in der Weite ihres offenen Herzens, Organe, die für die heilpädagogische Arbeit von wesentlicher Bedeutung sind, in diagnostischer wie therapeutischer Hinsicht. Kaspar Hauser war ein in seiner Entwicklung «behindertes» oder vielmehr «gehindertes» Kind und ein Rätsel seiner Zeit – im Anschluss an den Grabsteinspruch von Stichaners («Aenigma sui temporis») schrieb König:

> Tritt nicht jedes der sogenannten schwer erziehbaren, zurückgebliebenen Kinder in ähnlicher Art wie Kaspar Hauser ins Leben? Arm, unbekannt, ein Rätsel und dennoch Segen spendend dort, wo offene Herzen ihm begegnen?[90]

In einer grundsätzlichen Stellungnahme über das Menschenbild der heilpädagogischen Arbeit Camphills formulierte König in einem anderen Kontext:

> Wir sind davon überzeugt, dass jeder Mensch seine individuelle Existenz hat, und zwar nicht nur hier auf der Erde zwischen Geburt und Tod, sondern jedes Kind war eine spirituelle Wesenheit, bevor es geboren wurde, und jeder Mensch wird weiterleben, nachdem er durch die Pforte des Todes hindurchgegangen ist. Demnach ist jede geistige und physische Behinderung nicht durch Zufall oder Unglück entstanden. Sie hat eine bestimmte Bedeutung für diese Individualität und möchte ihr Leben verändern. Wie jeder andere Mensch mit verschiedenen Krankheiten kämpfen muss,

so muss auch das behinderte Kind lernen, mit seinem Leiden zu leben oder es zu überwinden. Als Eltern und Lehrer ist es unsere Aufgabe, das ewige Wesen des Kindes anzusprechen, um es zur Erkenntnis seines Schicksals zu führen. Und wie sehr auch seine Individualität verdeckt sein mag durch viele Schichten des Unvermögens, der Gelähmtheit, von unkontrollierten Gefühlen, wir müssen trotzdem versuchen, durch diese Schichten durchzubrechen, um das Heiligste jedes Menschen zu erreichen: Den Ort seines spirituellen Daseins.
Die Überzeugung, dass jeder Mensch dieses Ich in sich trägt, und dass dieses Ich ewig, unvergänglich und geistigen Ursprungs ist, ist fundamental für unsere Haltung dem Kind gegenüber. Es ist unser Bruder und unsere Schwester. Es ist mit uns selbst und allen anderen Menschen gleich. Wir gehen nicht mit den ‹behinderten› Kindern um, sondern mit dem Kind, das behindert ist. Viele von ihnen sind geistig zurückgeblieben, gelähmt, anfallskrank, unzurechnungsfähig, faul oder abnormal. All das mag so sein; der innerste Kern ihrer Existenz ist nicht nur unendlich, sondern er ist heilig-göttlich. Er ist Teil der Gottheit, von der er kam, zu welcher er zurückkehren wird und von welcher er wiederkommen wird. Ihr verkrüppeltes und entstelltes Leben ist nur eines von vielen Leben, auf ihrem Weg zurück zum Vater. Wir sind alle verlorene Söhne auf der Suche nach unserem Weg zurück, zum Haus des ewigen Weltengrundes, zum Ursprung unseres Daseins.[91]

*

Kaspar Hauser war – so König in Zeist – «*Segen spendend*», zu Lebzeiten und nach seinem Tod. König wollte mit Camphill ganz offenbar Hausers «Hütte» hüten helfen, den mit seiner Individualität assoziierten «Geistbund», in dem das Menschenbild des ewigen Ichs bewahrt und gefördert wird, den «Ort seines spirituellen Daseins», auf Erden und in der geistigen Welt. Nicht nur Kaspar Hauser, sondern auch die «behinderten» Kinder Camphills erlebte König als «Segen spendend» – für ihre Familien und einen weiteren Menschenkreis, ja für die gesamte Zivilisation. König war davon durchdrungen, dass die besondere Inkarnationssituation des Seelenpflege-bedürftigen Menschen ursprüngliche Kräfte freizusetzen vermag, in ihm selbst und seiner Umgebung – Kräfte, die im Sog der hochtechnisierten Welt, ihren Leistungszwängen und ihrer seelischen Verödung, kaum mehr zum Vorschein kommen können. In Königs Wahrnehmung brachten die «behinderten» Menschen ein Opfer, das im Dienst der höheren Menschlichkeit, ja des Menschenbildes und seiner Zukunft stand:

> In kommenden Zeiten wird man auf unser Jahrhundert zurückschauen und sagen, das sind die Menschen, die allmählich lernen mussten, dass die Außenseiter diejenigen sind, die uns wieder zurückzuführen begonnen haben zum Pfad der Redlichkeit. Denn es ist ja so, dass die, die wir als die Letzten betrachten, im Grunde genommen diejenigen sind, die die Ersten sein werden. Die sind es, aus deren Opfer wir leben [...].[92]

An die Eltern der Camphill-Schulen schrieb er in einem Brief:

> Wir alle sollten immer mehr davon durchdrungen sein, dass diese Kinder unsere Lehrer sind; Lehrer in einem höheren Sinne. Denn sie haben ihr Schicksal – verkrümmt und verkrüppelt, verbildet und zurück zu sein – auf sich genommen. Sie klagen nicht und sind nicht mürrisch. Sie klagen auch nicht an und hadern nicht. Vielmehr nehmen sie ihr Anderssein auf sich, mutig wie einer sein Kreuz auf die Schultern nimmt, und sagen restlos ‹Ja› dazu. Wir sollten nicht glauben, dass sie nicht verständen, wer und wie sie sind. Sie wissen es genau und bleiben dennoch mutig, froh und voller Hoffnung. Sollten wir uns nicht ein Beispiel an ihnen

> nehmen? Wir alle? Wer von uns lässt nicht öfter als unsere Kinder den Mut sinken und die Hoffnung fahren? In diesem Sinne meine ich, dass sie unsere Lehrer sind.[93]

Ita Wegman hatte die von ihr begründeten und geförderten heilpädagogischen Institute als Ausgangsorte zukünftiger Entwicklungen verstanden; das dort – mithilfe der Seelenpflege-bedürftigen Kinder – gelebte Leben war in seinen Sozialformen, Wertmaßstäben und Qualitäten ein Gegenwurf zu den Entwicklungen der «Moderne», auch in kultureller und religiöser Hinsicht. Ita Wegman hatte sich dafür eingesetzt, dass die Werkstätten der heilpädagogischen Institute eine hervorragende Entwicklung nehmen konnten, in ihrer kunsthandwerklichen und künstlerischen Qualität; sie hatte die religiös-kultischen Handlungen in die Heime gebracht und das Zusammenleben der Menschen in vielfältiger, immer aber zukunftsweisender Art und Weise gefördert. Als Karl König über die kunsthandwerklichen Arbeiten der Dorfgemeinschaft Botton sprach, sagte er:

> Solche Dinge sind nichts Außergewöhnliches. Sie sind nur für *uns* außergewöhnlich, weil wir nämlich viel zu wenig Glauben haben an die Entwicklungsmöglichkeiten und Fähigkeiten dieser Menschen, die wir aus unserem intellektuellen Hochmut heraus für minderwertig, ja für idiotisch halten. Was diese Menschen leisten, wenn sie in der richtigen Weise anerkannt werden, wenn ihnen die richtige Umgebung geboten, wenn ihnen die Hülle bereitet wird, die sie brauchen, das ist überraschend und außerordentlich. Und warum sollen sie nicht ihr Leben leben, sondern unseres? Haben wir denn ein Recht, diesen Menschen die Wahnsinnssituation aufzudrängen, in der wir selber leben? Diese Hast, diese Unruhe und Unmenschlichkeit, die wir ja selbst kaum mehr leisten können? Warum wollen wir denn diese jungen Menschen in unsere nicht mehr zu bewältigende Zivilisation hineinstecken, statt sie in Dorf-

> siedlungen unterzubringen, in denen wieder Menschliches gedeihen kann als Vorbereitung einer besseren Zukunft?[94]

In seinem letzten «Camphill-Brief», den König zur Weihnachtszeit des Jahres 1965, drei Monate vor seinem Tod, verfasste, formulierte er noch einmal:

> Wir müssen [...] die Idee der Heilpädagogik weit genug fassen, um ihrer wahrhaften Bestimmung ansichtig zu werden. Sie will zu einer weltweiten Tätigkeit werden, um der überall entstandenen Bedrohung der Person hilfreich entgegenzutreten. Die ‹heilpädagogische Haltung› muss in jeder sozialen Arbeit, in der Seelsorge, in der Betreuung der Alten, in der Rehabilitierung der Geisteskranken sowohl als der Körperbehinderten, in der Führung der Waisen und Flüchtlinge, der Selbstmordkandidaten und Verzweifelten sich zum Ausdruck bringen. Das ist die einzige Antwort, die wir heute – insofern wir noch Menschen sein wollen – einer am Abgrund tanzenden Menschheit entgegenstellen können. Keine Philosophenkongresse, internationalen Tagungen, religiösen Zusammenkünfte und wissenschaftlichen Massenveranstaltungen werden an diesem Totentanz etwas ändern. Dort will jeder nur sich selbst hören und muss – dem Rahmen gemäß – versuchen, sich selbst zur Geltung zu bringen. Nur die Hilfe von Mensch zu Mensch – die Begegnung von Ich zu Ich – das Gewahr-Werden der anderen Individualität, ohne des Nächsten Bekenntnis, Weltanschauung und politische Bildung zu erfragen –, sondern einfach das Auge-in-Auge-Blicken zweier Persönlichkeiten schafft jene Heilpädagogik, die der Bedrohung des innersten Menschseins heilend entgegentritt. Allerdings wird das nur dann wirksam sein können, wenn eine grundlegende Herzenserkenntnis dabei berücksichtigt wird.[95]

Obwohl Karl König in diesem Zusammenhang nicht expressis verbis über Kaspar Hauser sprach, so leuchtete dessen Stern doch über all seinen Bemühungen – *«Die Heilung strömt aus dem Menschenbild, das wir im Herzen zu erwecken suchen.»* (Zeist, 1948) Kaspar Hauser war, so Karl König in seinem «Requiem für Ita Wegman», an einem Mittwoch, einem Merkur-Tag, gestorben, nach unermesslichem Leid und dennoch auf ein Heilendes zu, in dessen Vorbereitung er lebte.

> Samstag wird Hauser ins Herz gestochen. Am Saturntag, da Altes und Neues, Werden und Vergehen einander begegnen. Sonntag und Montag durch Sonne und Mond hindurch, das Erden-Werden wiederholend, leidet er. Dienstag stirbt er. Am Tag des Mars, den er überwinden wollte. Aber er stirbt hinein in den Mittwoch, den Merkur, den er zu bringen versucht hat.

*

Kaspar Hauser. «Eine Art Requiem»

von Karl König

Gestern, am Donnerstag den 4. März 1943 kam ein Telegramm.

Es sagte, dass *Frau Dr. Wegman*, nach kurzer Krankheit, um 9h55 dieses Tages, gestorben ist.

So ist diese gute und große Frau
in die geistige Welt eingegangen.
Vielleicht der beste Freund Rudolf Steiners.
Der Freund, der ihn während seiner Krankheit
Tag und Nacht pflegte.
Das Zentrum der neuen Medizin,
Der neuen Heilpädagogik
Der Arzt und Helfer,
Der Rater vieler, vieler Menschen,
Der Helfer und mütterliche Freund
Ist nicht mehr.

Mir ist es, als wäre ein Lebensnerv in meinem Inneren durchschnitten.

Dass ich sie hier auf Erden nicht mehr sehen werde kann ich nicht glauben. Wie leer ist es plötzlich um mich herum?

Vorgestern morgens, vor dem Aufwachen, war plötzlich Dr. Bockholt da – So lieb und zart, wie ich sie sonst nicht erlebte. Sie versuchte etwas zu sagen, aber ich verstand sie nicht. Sie kam wohl, um mich vorzubereiten, aber ich habe es nicht gehört und nicht verstanden.

Wer wird jetzt Führer sein? Ist es nicht, als wäre nun erst alles innerhalb unserer Bewegung in Brüche gegangen?

Wer wird das Kelchgefäß weiter in seinen Händen tragen, wenn Frau Dr. Wegman nicht mehr da ist?

Jetzt liegt sie wohl aufgebahrt, in einem ihrer langen Kleider, in stiller Schönheit und duldender Ruhe.

Ihre zarten Finger tragen die Ringe, die Rudolf Steiner für sie entwarf.

Er aber wird sie empfangen, aufnehmen, erheben. Wir aber sind allein, allein, allein.

Wo ist die Hilfe?

*

Als eine Art Requiem für Frau Dr. Wegman möchte ich versuchen all das aufzuschreiben, was seit einigen Monaten in meiner Seele lebt und sich verbunden fühlt mit der Wesenheit

Kaspar Hausers.

Zwei Bilder stehen nun auf meinem Schreibtisch. Seit Monaten das Bild dieses «Kindes Europas». Seit gestern nun auch das Bild von Frau Dr. Wegman.

So möge, was ich über ihn gedacht und gesonnen ihr in dankbarer Liebe dargebracht sein.

Dieses Kind Kaspar, das buddha-merkurhaft den Frieden bringen wollte, war verhöhnt und zuletzt getötet von den Gegen-Mächten.

Auch sie war duldend und still, weil sie den neuen Merkur-Stab trug, das Zeichen des heilenden Friedens.

*

Kaspar Hauser

I.

Am 26. Mai 1828 erscheint Kaspar Hauser in Nürnberg. In dem Schreiben, das er bei sich trug, hieß es, dass das Kind am 7. Oktober 1812 «vor die Tür gelegt worden ist».

Denkt man, dass der «Eintritt in die Welt» genau eine Mondknoten-Periode nach der Geburt erfolgte, dann ist Hausers Geburt im Oktober 1809 zu denken.*

Als er dann 3 Jahre alt war, im Oktober 1812, wurde er «vor die Türe gelegt» und eingekerkert.

3 x 32 1/3 Jahre nach dieser Einkerkerung hält Rudolf Steiner den Zyklus über das Lukas-Evangelium; enthüllt das Geheimnis des nathanischen Kindes und befreit, was bis dahin gebunden war.

II.

Von Pfingsten 1828
bis Weihnachten 1833,
in der Zeit da Kaspar Hauser unter den Menschen weilt,
lebt Adalbert Stifter in der Liebe zu Fanny Greipl.
Dann verliert Stifter sein Heiligstes.
Hauser aber wird ermordet.

III.

Samstag (14.XII.1833)
wird Hauser ins Herz gestochen.
Am Saturntag, da
Altes und Neues, Werden und Vergehen
Einander begegnen.

Sonntag und *Montag*
Durch Sonne und Mond hindurch,
das Erden-Werden wiederholend,
leidet er.

* Für das «Requiem» ging Karl König von dieser zeitlichen Annahme aus. Dass Kaspar Hausers Geburtstag tatsächlich am Michaeli-Tag, dem 29. September 1812, gewesen ist, wurde ihm spätestens durch die Zusammenarbeit mit dem Geschichtsforscher Karl Heyer bekannt.

Dienstag (17.XII.1833)
stirbt er.
Am Tag des Mars, den er überwinden wollte.
Aber er stirbt hinein in den Mittwoch, den Mercur,
Den er zu bringen versucht hat.

Samstag (25.I.1868)
in der Nacht bringt sich Adalbert Stifter
Die tödliche Wunde bei.
Auch er stirbt, am

Dienstag (28.I.1868)
in der Frühe.
Der Alte stirbt bewusstlos
Der Junge starb bewusst.

IV.

Während dieser Sterbestunden
Wanderte bei Beiden,
Der Mond vom Zeichen ♒ zum Zeichen ♓
Auch [bei] Frau Dr. Wegmans Tod
stand der Mond im Zeichen ♒
und wandert nun ins Zeichen ♓.
Sie ist Eins mit ihren Brüdern vom Mercur.

V.

Zum Rätsel Kaspar Hauser erscheint ein zweites Rätsel: Zar Alexander I.
Er stirbt (?) in Tagaurog.
Dies aber ist wohl die Gegend, in welcher während der ersten nach-

christlichen Jahrhunderte die Mysterienstätte war, an welcher der Buddha im Geistleibe wirkte.

Am 1.II.1864 stirbt Fedor Kusmitsch, das ist genau ein Saturnumlauf nach Kaspar Hausers Tod.

In Kaspar Hauser: Ein Säugling wird unterschoben.

In Alexander I: eine Leiche wird unterschoben.

Kaspar Hauser wird 1812 eingekerkert, in dem Jahre, da Russland überfallen wird.

VI.

Verfolgt man die Ereignisse des Jahres 1864, dann findet man:

Kaiser Maximilian in Mexico.

Gründung der Genfer Konvention (Rotes Kreuz)

Karl Marx gründet in London den internationalen Arbeiterverein.

Der preußisch-dänische Krieg.

Der Krieg der amerikanischen Nord- und Südstaaten der Sklaverei willen.

Die Grundlage der amerikanischen Staaten wird gelegt.

In diesem Jahr ist Rudolf Steiner 3 Jahre,
wie 1812 Kaspar Hauser 3 Jahre war.

VII.

Was Hauser entrissen wird
Ergreift Steiner wieder.
Er knüpft dorten an,
wo Hauser versagen muss.

Deshalb kommt R. Steiner nach Wien, um dort das wahrhafte Österreich, die Mitte zwischen Ost (1812) und West (1864) wieder zu etablieren.

Kaspar Hauser weist nach Osten.
Rudolf Steiner weist nach Westen.

VIII.

Im August 1796 werden die deutschen Reichskleinodien
von Nürnberg nach Wien gebracht.
+ 18 Jahre 7 Monate
Im März 1815 umtanzt in Wien der Wiener Kongress
die Reichskleinodien, wie die Juden einst das goldene
Kalb.
+ 18 Jahre 7 Monate
Im Oktober 1833 wird die Ermordung Kaspar Hausers
beschlossen.

IX.

Am 9. August 1796 werden die Deutschen Reichskleinodien von Nürnberg nach Wien verfrachtet. 32 Jahre später betritt das *wahre* Reichs-Kleinod Kaspar Hauser die Stadt Nürnberg.
Kaspar Hauser ist ein nathanisches Wesen.
Ein junges, vielleicht zum ersten Mal geborenes Engelwesen, friedenbringender Botschaft.

O Deutschland,
hundert Jahre nach seinem Tod,
Da hast du Nürnberg
Zur Stätte der Parteitage gemacht.
Hast Kräfte entfesselt,
die böse waren, wie die Napoleons.
Was damals Mars-Dämonie war
ist nun Venus-Dämonie geworden.

Damals
wurde das ‹Kind Europas› gemordet.
Heute
werden die europäischen Kinder gemordet.
Herodes beherrscht Bethlehem.

X.

Jeshu ben Pandira	Kaspar Hauser
100 Jahre	100 Jahre
vor	vor
dem Mysterium	der Erscheinung Xristi
von Golgatha	im Ätherischen

XI.

In der Zeit der Romantik und des Biedermeier erscheint Kaspar Hauser. In diesem bürgerlichen Zeitalter, da die menschliche Familie zu einer Art Höhepunkt kommen kann. Es ist Gabriel-Zeit. Zur gleichen Stunde hält der Christbaum, dieses Zeichen der wahren Familie seinen Einzug.

Hauser ist Kind; ohne Vater, ohne Mutter; nicht Haus, sondern Hauser.

Dieses Haus des Menschen, sollte mehr und mehr Paradieses-Abbild werden. Er, Hauser, wies darauf hin. Da ist Vater und Mutter, Adam und Eva. Da ist Kreatur und der Altar Gottes. Und der Friede, der sonst in der Welt nicht gefunden wird.

Das Haus des Menschen könnte das wiedergefundene
Paradies sein. So ist es meist nur Hölle.
Das Kind versuchte dies,
Aber die Herzen waren zu träge.

XII.

Was ist es, das die Periode der Erden-Anwesenheit Kaspar Hausers charakterisiert?

Was ist es, das die Geister bewegt und auch entscheidend bestimmt?

Im *Jahre 1828*, da Hauser erscheint, erscheint auch das Buch von Carus: *Über die Ur-Teile des Knochen- und Schalengerüstes.* Im gleichen Jahre entdeckt Wöhler den Harnstoff und erschüttert damit die gesamte wissenschaftliche Welt.

Im *Jahre 1830* (22.II. und 19. VII.) sind die entscheidenden Sitzungen der Akademie der Wissenschaften in Paris, während welcher die Auseinandersetzungen zwischen Cuvier und Geoffroy de St. Hilaire stattfinden. Goethe sagt darüber zu Winkelmann:

«... und ich juble mit Recht über den endlich erlebten Sieg einer Sache, der ich mein Leben gewidmet habe und ganz vorzüglich auch die meinige ist.»

Im gleichen Jahre verlässt Lorenz Oken für immer die von ihm gegründete Versammlung deutscher Naturforscher und Ärzte.

Im *Jahre 1832* besteigt Charles Darwin die «Beagle» um seine Forschungsfahrt zu beginnen, die ihm zur Ahnung der Deszendenztheorie führt.

Im *Jahre 1833* beginnt Oken mit der Herausgabe seiner *Allgemeinen Naturgeschichte.*

Im *Jahre 1834* endlich wird im Februar Ernst Haeckel geboren.

Was seit dem Beginn des Jahrhunderts sich anbahnte, eine neue Erkenntnis der Tierwelt (1809, im Geburtsjahr Kaspar Hausers erscheint die *Philosophie zoologique* par Lamarck), was in Goethe, Carus, Oken, Schubert, Cuvier, St. Hilaire, usw. wob und arbeitete, was mehr und mehr Gestalt gewann, kulminiert nun!

Die Welt-Entwicklung an Hand der vergleichenden Anatomie, die Welt der Tiere als ein großes Buch der Natur, wird neu gesehen.

Es ist sehr bedeutsam, dass zu gleicher Zeit die Gegenströmung einsetzt und Lydell's *Principles of Geology* vom Januar 1830 – Mai 1833 in vier Lieferungen erscheinen.

So ist auch Darwin im gleichen Jahr mit Kaspar Hauser geboren!

Alles das heißt:

Die Tierheit erwacht im Denken der Menschen.
Inmitten steht *Der* Mensch, Kaspar Hauser,
wie das Herz inmitten der Organe.

XIII.

Dieses «Herz», der Mensch, wird auch vorbereitet in den Ahnungen und geistigen Erlebnissen der Seherin von Prevorst, Friederike Hauffe. Sie stirbt am 5. August 1829. Das Jahr 1828, in welchem Kaspar auf die Erdenbühne tritt, ist ein für sie wesentliches. Es ist das 7. Jahr inmitten der vorhergehenden sechs Jahre. Sie zeichnet es in ihrer Sonnenrose so ein und legt ihm besondere Bedeutung bei.

Sie erlebt innerlich, was dann nach außen hin «geschichtlich» sich vollzieht.

XIV.

Kann aber geschichtlich-karmisch eine Lösung gefunden werden für dieses Bild: Der Mensch inmitten der Tiere? Die Suche nach dem Menschenbild, die Suche nach dem, was der Mensch wahrhaft ist? Fichte, Schelling, Hegel, haben sie nicht in innerster Seelenprüfung und Einsamkeit etwas erstrebt, was Goethe und die Goetheanisten der Natur zu entzaubern suchten? Dem Weben der Natur, dem Walten der Gedanken das innerste Kernstück zu entziffern war ihr Streben.

Hin zu Makarien's Zentralsonne.

Und da standen die Tiere am Wege.

XV.

Ein Engländer aber schreibt über Ägypten:

«Already the Greek visitors of the valley of the Nile as the temporary ones felt it as one of the greatest singularities among the many peculiar and mysterious things, that the Egyptians represented many of their Gods as animals or as men with animal heads!»

Dort in Ägypten stand die Sphinx. Und sie war als das Rätsel des Menschen angeschaut. Ibis und Katze, Kuh und Stier, Eule und Affe waren gespaltene Gestalten dieser Sphinx, dieses Menschen.

Dorthin, zu den heiligen Gefäßen der Ägypter, zu ihren Tempeln und Sphinxen, Tieren und Gräbern weist der Weg.

Ist es so, dass im Beginn des 19. Jahrhunderts Ägypten auflebt? Und damit die Frage nach dem Menschenwesen mitten in der Tierheit?

Sind die Zeichen dafür in dieser Zeit zu finden? Ist ein Auftakt da, der etwas entlässt, wie die Quelle den Strom?

XVI.

In wem lebt stärker der Drang «Unsterblicher zu werden», um den Schleier der Isis zu heben als in Novalis?

Er schreibt 1798 *Die Lehrlinge zu Saïs.* Und darin die folgenden Stellen:* (S.7) «Mich freuen die wunderlichen Haufen und Figuren in den Sälen, allein mir ist, als wären sie nur Bilder, Hüllen, Zierden, versammelt um ein göttlich Wunderbild und dieses liegt mir immer in Gedanken. Sie such ich nicht, in ihnen such ich oft. Es ist als sollten sie den Weg mir zeigen, wo in tiefem Schlaf die Jungfrau steht, nach der mein Geist sich sehnt.»

S. 22. «... Ich wollt' Euch gern sagen, wohin, ich weiß selbst nicht, dahin wo die Mutter der Dinge wohnt, die verschleierte Jungfrau. Nach

* zit. nach Minor Bd.IV

der ist mein Gemüt entzündet. Lebt wohl. Er riß sich los und ging fort. Seine Eltern wehklagten und vergossen Thränen. Rosenblüthchen blieb in ihrer Kammer und weinte bitterlich. Hyazinth lief nun was er konnte, durch Täler und Wildnisse, über Berge und Ströme, dem geheimnisvollen Lande zu. Er fragte überall nach der heiligen Göttin (Isis) Menschen und Tiere, Felsen und Bäume.

Manche lachten, manche schwiegen, nirgends erhielt er Bescheid.»

S. 44. «Verwandlung des Tempels zu Saïs. Erscheinung der Isis. Tod des Lehrers. Träume im Tempel.»

S. 45. «Einem gelang es – er hob den Schleier der Göttin zu Saïs –
Aber was sah er? er sah – Wunder des Wunders – sich selbst.»

Und ein Jahr nachdem alles dies niedergeschrieben war geschieht das große Ereignis: Der Stein von Rosette wird gefunden. Napoleons Zug nach Ägypten ist der Anlass. Und wie dieser manches andere veranlasste, so ist er dafür verantwortlich, dass dieser Stein gefunden, besser gehoben wurde. Nun können die Hieroglyphen die geheimen Schriftzeichen der ägyptischen Mysterien enthüllt werden.

Dies geschieht 1814 gleichzeitig in England und Frankreich, von Young und Champollion. Nachdem Napoleons Stern untergegangen (1814), geht Ägyptens heiliger Sirius auf. Der Wolf verschwindet, der heilige Hund erhebt sich.

XVII.

Die Dinge liegen aber noch tiefer. Schon 7 Jahre vor der Auffindung des Steines durch einen französischen Offizier, im Jahre 1793 schreibt Fichte eine Rede, deren Titelblatt ist so:

Zurückforderung
der
Denkfreiheit
von den Fürsten Europas,
die bisher unterdrückten.

Eine Rede

Heliopolis, im letzten Jahre der
alten Finsternis (1793)

Und Heliopolis war die Lehrstätte Echnatons, war die Stätte wohin Plato kam. Dort wurde Moses eingeweiht. (Die Bibel nennt es On). So ahnt Fichte voraus, was sich später verwirklicht.

XVIII.

Im Jahre 1817 gibt Lorenz Oken, der große Naturforscher eine Zeitschrift heraus. Sie hat den Titel *Isis* und wird zum Zentralorgan des damaligen Denkens und Forschens. Humboldt, Carus, Schubert, Oken, alle schreiben für die «Isis», suchen das verschleierte Bild zu Saïs und trachten es zu «ent»schleiern.

Das Titelbild der Zeitschrift (siehe Seite 138)
Es ist besonders interessant zu wissen, dass Goethe schon (1819) im zweiten Jahr des Erscheinens diese Zeitschrift für Jena und Weimar verbot.

Wie er Napoleon verkannte und missdeutete, so wusste er auch mit «Isis» nicht umzugehen, wenn sie im offenbaren Gewand erschien.

XIX.

Ein anderes Beispiel:

Schindler, im 2. Band seiner Beethoven-Biographie (S.161) schreibt: «[An Zeugnissen] von den religiösen Grundfesten unseres Meisters ist noch ein anderes vorhanden ... Es beschränkt sich bloß auf nachstehende Sätze: «Ich bin was da ist». «Ich bin Alles, was ist, was seyn wird, was war, kein sterblicher Mensch hat meinen Schleier aufgehoben.» «Er ist einzig von ihm selbst und diesem Einzigen sind alle Dinge ihr Daseyn schuldig.»

«Diese Inschrift hat Beethoven mit eigener Hand abgeschrieben und sie in einem Rahmen unter Glas stets vor sich auf dem Schreibtische gehabt.»

So ist also auch das heilige Wort der Isis vom Tempel zu Saïs in die Musik Beethovens eingeflossen. Ist Form und Inhalt geworden und ersteht, wann immer diese erklingt.

XX.

In der Perspektive der «geheimen Geschichte» gesehen stehen nun zwei Ereignisse da, wie Rahmengebilde um dies «erwachen Ägyptens.»

Die Tagseite ist die Welt des einen.
Die Nachtseite die Welt des anderen.
Die *Tagseite* ist Napoleon Bonaparte.
Der Mars-Dämon, herausgeboren aus der
französischen Revolution,
Deutschland erobernd,
Spanien und Italien besiegend,
General-, Konsul-, Kaiser.
Er wird 1769 geboren, Saturn steht im Krebs.

Die *Nachtseite* ist die Sixtinische Madonna –
Dieses einzig-artige, wunderbare Bild der
Himmelsmutter,
schirmend, heilend, friedenspendend für die
Herzen zahlloser Menschen.
Es wird 1753 nach Dresden gebracht.
Saturn steht im Steinbock.
Die Spannung ♑ – ♋ ist gesetzt.
Die Zeit Ägyptens kann beginnen.

XXI.

Dreißig Jahre ist Napoleon,
wenn der Stein von Rosette gefunden wird.
Saturn steht wieder im Krebs.
Dreißig Jahre nachher betritt Kaspar Hauser
die Erden-Bühne.
Saturn steht wieder im Krebs. Aber Napoleon ist tot.
Fünfzehn Jahre nach 1799 ist Napoleons
Stern im Schwinden.
Der Wiener Kongress wird gehalten.
Saturn steht im Steinbock.
In der Spannung ♑ – ♋, die vom
Saturn regiert wird, steht Napoleons Schicksal.

XXII.

1753, zu Michaeli kommt die Sixtina nach Deutschland. Eine Mondknoten-Periode später wird Novalis geboren. Er findet sich hin zu seiner Schöpfung. Mutter und Sohn begrüßen einander auf deutschem Boden. 1790, eine weitere Mondknotenperiode später, ist drüben in Frankreich die Revolution im Gange.

Aber Novalis kommt nach Jena und dadurch in den Mittelpunkt seiner Schicksalskreise. Johannes findet die Jünger wieder. So darf er singen:

«Längst vermisste Brüder
Finde ich nun in seinen Jüngern wieder.»

In Italien aber findet im gleichen Jahre Goethe einen Schafschädel und die Idee der Metamorphose der Wirbel im Schädelknochen offenbart sich ihm. Eine der wesentlichsten Einsichten seit Menschen begannen zu denken. Dass dies auf dem *Juden*friedhof geschieht, auf dem das Lamm gefunden wird, ist in sich Symbol des Ereignisses.

Die 3. Mondknotenperiode nachher wird Hauser geboren.

Die 4. Periode nachher betritt er zu Pfingsten Nürnberg. So vollendet sich das Sixtina-Schicksal.

Die Mutter, das verschleierte Bild des Raffael zieht nach Deutschland.	I.
Novalis wird geboren.	II.
Novalis zieht nach Jena.	III.
Kaspar Hauser geboren.	IV.
Kaspar Hauser zieht nach Nürnberg.	V.

XXIII.

Ist es nun zu viel
Zu sagen,
Dass Napoleon einherzieht
Gleich Typhon.
Er sucht seinen Bruder Osiris.
Der aber ist in Himmelswelten.
Dort wo Michael
Die großen Sternen-Imaginationen
Dem Kreis seiner Schüler einpflanzt.

Saturn und Sonne,
Mond und Erdenschicksal wird enthüllt.
Noch in der Geisteswelt
Verborgen ruht Osiris.
Sein heller Schatten
Lebt in Goethes Märchen,
In Schillers Briefen,
Überall dort,
Wo Schicksal
Sternenhaft und lebensnah
Gesucht.
Und heimlich auch gefunden wird.

XXIV.

Typhon ist wild.
Er will Osiris greifen,
Aber findet ihn nicht.
So greift und packt er,
Was am Wege liegt.
Er jagt die Völker,
Peitscht die Nationen,
Gleich der Schilddrüse
Die, wenn sie wild geworden
Die Organe ineinander wirbelt.
Der Menschheit springt er
An die Gurgel
Und will ihr Wort erdrücken.
Doch immer greift er, Typhon,
Nur ins Leere.
Wo ist Osiris?
Er ist nicht in Deutschlands Gauen,

In Russlands Steppen,
Nicht in Italien und Spanien.
Wo ist Osiris?
Nicht dort,
Wo du ihn suchst.

XXV.

Doch Isis
Die heilige,
Verwandelte Göttin,
Die Jungfrau ist still und wartet.
Viele kommen
Und treten vor sie hin.
Goethe und Carus,
Runge und Caspar David Friedrich.
Dresden wird ihr Bezirk;
Von ihr aus strahlt ein
Zartes Licht.
Novalis singt:
Ich sehe dich in tausend Bildern
Maria, lieblich ausgedrückt.
Doch keins von allen kann dich schildern,
Wie meine Seele dich erblickt.
Ich weiß nur, dass der Welt-Getümmel
Seitdem mir wie ein Traum verweht,
Und ein unnennbar süßer Himmel
Mir ewig im Gemüte steht.

XXVI.

Und Typhon ist rastlos.
Er zieht durch Dresden nach Russland.
Er zieht von Russland geschlagen,
Und kommt durch Dresden.
Er ist 1813 wieder in Dresden
Und von da aus
geht er nach Leipzig.
Sein Stern versinkt.
Er fand Osiris nicht
Und Isis ward verborgen
Vor seinem Blick.
Sie wartet und ist still
Und weiß
Ihr wahrer, wirklicher,
Friedvoller Sohn
Ist geboren.
Viele glauben
er sei ein Sohn des Typhon,
Aber das erscheint nur so.
Er ist ein Sohn der Isis
Horus-Hauser.

XXVII.

Der neue Horus
Kommt einhergeschritten,
Ägyptens Sohn,
Verarmt,
Allein gelassen.

Durch Nürnbergs abendliche Gassen.
Der Welten Hohn,
Der Sünde Lohn.

Doch oben singt der Engel Chorus
Begrüßt den neu erstandnen Horus.

*

Montag d. 8. März ist fertig geschrieben das Requiem für Frau Dr. Wegman. In der Nacht waren die R.A.F. über Nürnberg und heute wird in der Zeitung gesagt, dass die Deutschen im Rundfunk bekannt gaben, dass «practically the whole of old Nuremberg was destroyed».

Ist das Schicksalssprache oder Zufall?

Montag, so viel wir nun wissen, wurde auch Frau Dr. Wegmans Sterbliches in Basel eingeäschert.

10. März 1943

10.)

Gestern, am Donnerstag den 4. März 1943
kam ein Telegram.
Es sagte, daß Frau Dr Wegman, nach kurzer
Krankheit, um 9h55 dieses Tages, gestorben ist.

So ist diese gute & grosse Frau
in die geistige Welt eingegangen.

Vielleicht der beste Freund Rudolf Steiners.
Der Freund, der ihn während seiner Krankheit
Tag & Nacht pflegte.
Das Zentrum der neuen Medizin,
der neuen Heilpädagogik.
Der Arzt & Helfer,
Der Rater vieler, vieler Menschen,
Der Helfer & mütterliche Freund

Ist nicht mehr.

Mir ist es, als wäre ein Lebensnerv in meinem
Innern durchschnitten.
Daß ich sie hier auf Erden nicht mehr sehen
werde kann ich kaum glauben.
Wie leer ist es plötzlich um mich herum?

Vorgestern morgens, vor dem Aufwachen, war plötzlich Dr Bockholt da. So lieb & zart, wie ich sie sonst nie erlebte; Sie versuchte etwas zu sagen, aber ich verstand sie nicht. Sie kam wohl, mich vorzubereiten, aber ich habe es nicht gehört & nicht verstanden.

Wer wird jetzt Führer sein? Ist es nicht, als wäre nun erst alles innerhalb unserer Bewegung in Brüche gegangen?

Wer wird das Kelchgefäß weiter in seinen Händen tragen, wenn Frau Dr Wegman nicht mehr da ist?

Jetzt liegt sie wohl aufgebahrt, in einem ihrer langen Kleider, in stiller Schönheit & duldender Ruhe. Ihre zarten Finger tragen die Ringe, die Rudolf Steiner für sie entwarf.

Er aber wird sie empfangen, aufnehmen, erheben. Wir aber sind allein, allein, allein.

Wo ist die Hilfe?

11.)

Als eine Art Requiem für Frau Dr Wegman möchte ich versuchen all das aufzuschreiben, was seit einigen Monaten in meiner Seele lebt u. sich verbunden fühlt mit der Wesenheit

Kaspar Hausers.

Zwei Bilder stehen nun auf meinem Schreibtisch. Seit Monaten das Bild dieses „Kindes Europas". Seit gestern nun auch das Bild von Frau Dr Wegman.

So möge, was ich über ihn gedacht u. gesonnen ihr in dankbarer Liebe dargebracht sein. Dieses Kind Kaspar, das buddha-merkurhaft den Frieden bringen wollte, war verhöhnt u. zuletzt getötet von den Gegen-Mächten.

Auch sie war duldend u. still, weil sie den neuen Merkur-Stab trug, das Zeichen des heilenden Friedens.

✝

12.)

Kaspar Hauser

I.) Am 26. Mai 1828 erscheint Kaspar Hauser in Nürnberg. In dem Schreiben, das er bei sich trug hieß es, daß das Kind am 7. Oktober 1812 „vor die Türe gelegt worden ist".

Denkt man, daß der „Eintritt in die Welt" genau eine Mondknoten-Periode nach der Geburt erfolgte, dann ist Hausers Geburt im Oktober 1809 zu denken. Als er dann 3 Jahre alt war, im Oktober 1812, wurde er „vor die Türe gelegt" & eingekerkert. 3 x 32⅓ Jahre nach dieser Einkerkerung hält Rudolf Steiner den Zyklus über das Lukas-Evangelium; enthüllt das Geheimnis des nathanischen Kindes & befreit, was bis dahin gebunden war.

II. Von Pfingsten 1828
bis Weihnachten 1833,
in der Zeit da Kaspar Hauser unter den Menschen weilt,
lebt Adalbert Stifter in der Liebe zu Fanny Greipl.
Dann verliert Stifter sein Heiligstes.
Hauser aber wird ermordet.

III. Samstag (14. XII. 1833)
wird Hauser ins Herz gestochen.
Am Saturntag, da
Altes & Neues, Werden & Vergehen
Einander begegnen.
Sonntag & Montag
durch Sonne & Mond hindurch,
das Erden-Werden wiederholend,
leidet er.
Dienstag (17. XII. 1833)
stirbt er.
Am Tag des Mars, den er überwinden wollte.
Aber er stirbt hinein in den Mittwoch, den Mercur,
den er zu bringen versucht hat.

Samstag (25. I. 1868)
in der Nacht bringt sich Adalbert Stifter
die tödliche Wunde bei.
Auch er stirbt, am
Dienstag (28. I. 1868)
in der Frühe.
Der Alte stirbt bewusstlos,
der Junge starb bewusst.

IV.

Während dieser Sterbestunden
Wanderte bei Beiden,
Der Mond vom Zeichen ♒ zum Zeichen ♓
Auch Frau Dr Wegmans Tod
stand der Mond im Zeichen ♒
und wandert nun ins Zeichen ♓.
Sie ist Eins mit ihren Brüdern vom Mercur.

V.

Zum Rätsel Kaspar Hauser erscheint ein zweites Rätsel: Zar Alexander I.
Er stirbt (?) in Taganrog.
Dies aber ist wohl die Gegend, in welcher während der ersten nachchristlichen Jahrhunderte die Mysterienstätte war, an welcher der Buddha im Geistleibe wirkte.
Am 1. II. 1864 stirbt Fedor Kusmitsch, das ist genau ein Saturnumlauf nach Kaspar Hausers Tod.
In Kaspar Hauser: ein Säugling wird unterschoben.
In Alexander I: eine Leiche wird unterschoben.
Kaspar Hauser wird 1812 eingekerkert,
in dem Jahre, da Russland überfallen wird.

VI. Verfolgt man die Ereignisse des Jahres 1864, dann findet man:

Kaiser Maximilian in Mexico.

Gründung der Genfer Konvention (Rotes Kreuz)

Der preussisch-dänische Krieg.

Der Krieg der amerikanischen Nord- u. Süd-staaten der Sklaverei willen.

Die Grundlagen der amerikanischen Staaten wird gelegt.

Karl Marx gründet in London den internationalen Arbeiterverein.

In diesem Jahr ist Rudolf Steiner 3 Jahre, wie 1812 Kaspar Hauser 3 Jahre war.

Amerika ← 1864		1812 → Rußland
Maximilian v. Österreich an Napoleon III verschachert Amerika soll erobert werden.	In dieser Zeit trägt allein Adalbert Stifter die wahre Mitte Österreich	Marie Louise v. Österreich an Napoleon I verschachert Rußland soll erobert werden.

VII.

1812 +21 Jahre 1833 — 1864 +21 Jahre 1885

1833: Hauser wird ermordet

1885: R. Steiner knüpft an Goethe an.

Was Hausern entrissen wird
Ergreift Steiner wieder.
Er knüpft dorten an,
wo Hauser versagen muss.

Deshalb kommt R. Steiner nach Wien, um dort das wahrhafte Österreich, die Mitte zwischen Ost (1812) und West (1864) wieder zu etablieren.

Kaspar Hauser weist nach Osten.
Rudolf Steiner weist nach Westen.

VIII. Im August 1796 werden die deutschen Reichskleinodien von Nürnberg nach Wien gebracht.

+ 18 Jahre 7 Monate

Im März 1815 umtanzt in Wien der Wiener Kongress die Reichskleinodien, wie die Juden einst das goldene Kalb.

+ 18 Jahre 7 Monate

Im Oktober 1833 wird die Ermordung Kaspar Hausers beschlossen.

IX. Am 9. August 1796 werden die Deutschen Reichskleinodien von Nürnberg nach Wien verfrachtet.
32 Jahre später betritt das <u>wahre</u> Reichs-Kleinod Kaspar Hauser die Stadt Nürnberg.

Kaspar Hauser ist ein nathanisches Wesen.
Ein junges, vielleicht zum ersten Mal geborenes Engelwesen, friedenbringender Botschaft.

O Deutschland,
100 Jahre nach seinem Tod,
Da hast du Nürnberg
zur Stätte der Parteitage gemacht.
Hast Kräfte entfesselt
Die böse waren, wie die Napoleons.
Was damals Mars-Dämonie war,
Ist nun Venus-Dämonie geworden.

Damals
wurde „das Kind Europa's" gemordet.
Heute
werden die europäischen Kinder gemordet.
Herodes beherrscht Bethlehem.

X.

Jeshu ben Pandira	——	Kaspar Hauser
100 Jahre		100 Jahre
vor		vor
dem Mysterium		der Erscheinung Xristi
von Golgatha		im Aethersein.

XI. In der Zeit der Romantik & des Biedermeier erscheint Kaspar Hauser. In diesem bürgerlichen Zeitalter, da die menschliche Familie zu einer Art Höhepunkt kommen kann. Es ist Gabriel-Zeit. Zur gleichen Stunde hält der Christbaum, dieses Zeichen der wahren Familie seinen Einzug.

Hauser ist Kind; ohne Vater, ohne Mutter; nicht Haus sondern Hauser.
Dieses Haus des Menschen, sollte mehr & mehr Paradieses-Abbild werden. Er, Hauser, wies darauf hin.
Da ist Vater & Mutter, Adam & Eva. Da ist Kreatur & der Altar Gottes, Kind der Friede, der sonst in der Welt nicht gefunden wird.

Das Haus des Menschen könnte das „wiedergefundene Paradies" sein. So ist es meist nur Hölle.

Das Kind versuchte dies,
Aber die Herzen waren zu träge.

XII. Was ist es, das die Periode der Erden-Anwesenheit Kaspar Hausers charakterisiert?
Was ist es, das die Geister bewegt & auch entscheidend bestimmt?

Im Jahre 1828, da Hauser erscheint, erscheint auch das Buch von Carus: „Über die Ur-Teile des Knochen- & Schalengerüstes".

Im gleichen Jahre entdeckt Wöhler den Harnstoff & erschüttert damit die gesamte wissenschaftliche Welt.

Im Jahre 1830 (22. II. & 19. VII.) sind die entscheidenden Sitzungen der Akademie der Wissenschaften in Paris, während welcher die Auseinandersetzungen zwischen Cuvier & Geoffroy de St.-Hilaire stattfinden.
Goethe sagt darüber zu Winkelmann:
„... und ich juble mit Recht über den endlich erlebten allgemeinen Sieg einer Sache, der ich mein Leben gewidmet habe & die ganz vorzüglich auch die meinige ist."

Im gleichen Jahre verläßt Lorenz Oken für immer die von ihm gegründete Versammlung Deutscher Naturforscher & Ärzte.

Im Jahre 1832 besteigt Charles Darwin die „Beagle" um seine Forschungsfahrt zu beginnen,

die ihn zur Ahnung der Deszendenztheorie führt.
Im <u>Jahre 1833</u> beginnt Oken mit der Herausgabe seiner „Allgemeinen Naturgeschichte".
Im <u>Jahre 1834</u> endlich wird im Februar Ernst Häckel geboren.

Was seit dem Beginn des Jahrhunderts sich anbahnte: eine neue Erkenntnis der Tierwelt (1809, im Geburtsjahr Kaspar Hausers erscheint die „Philosophie zoologique par Lamarck), was in Goethe, Carus, Oken, Schubert, Cuvier, St. Hilaire, usw. wob & arbeitete, was mehr & mehr Gestalt gewann, kulminiert nun!

Die Welt-Entwickelung an Hand der vergleichenden Anatomie,

die Welt der Tiere als ein großes Buch der Natur, wird neu gesehen.

Es ist sehr bedeutsam, daß zu gleicher Zeit die Gegenströmung einsetzt & Lyell's „Principles of Geology" vom Januar 1830 – Mai 1833 in vier Lieferungen erscheinen.

So ist auch Darwin im gleichen Jahr mit Kaspar Hauser geboren!

Alles das heißt:

Die Tierheit erwacht im Denken der Menschen.
Inmitten steht <u>Der</u> Mensch, Kaspar Hauser,
wie das Herz inmitten der Organe.

XIII. Dieses „Herz", der Mensch, wird auch vorbereitet in den Ahnungen & geistigen Erlebnissen der Seherin von Prevorst, Friederike Hauffe. Sie stirbt am 5. August 1829. Das Jahr 1828, in welchem Kaspar auf die Erdenbühne tritt, ist ein für sie wesentliches. Es ist das 7. Jahr inmitten der vorhergehenden sechs Jahre. Sie zeichnet es in ihrer Sonnenrose so ein & legt ihm besondere Bedeutung bei.

Sie erlebt innerlich, was dann nach außen hin „geschichtlich" sich vollzieht.

XIV. Kann aber geschichtlich-karmisch eine Lösung gefunden werden für dieses Bild: Der Mensch inmitten der Tiere? Die Suche nach dem Menschenbild, die Suche nach dem, was der Mensch wahrhaft ist? Fichte, Schelling, Hegel, haben sie nicht in innerster Seelenprüfung & Einsamkeit etwas erstrebt, was Goethe & die Goetheanisten der Natur zu entzaubern suchten? Dem Weben der Natur, dem Walten der Gedanken das innerste Kernstück zu entziffern war ihr Streben.

Hin zu Makarien's Zentralsonne.

Und da standen die Tiere am Wege.

XV. Ein Engländer aber schreibt über Ägypten:
„Already the Greek visitors of the valley of the Nile as the temporary ones felt it as one of the greatest singularities among the many peculiar & mysterious things, that the Aegyptians represented many of their Gods as Animals or as men with animal heads."

Dort in Ägypten stand die Sphinx. Und sie war als das Rätsel des Menschen angeschaut. Ibis & Katze, Kuh & Stier, Eule & Affe waren gespaltene Gestalten dieser Sphinx, dieses Menschen.

Dorthin, zu den heiligen Gefäßen der Ägypter, zu ihren Tempeln & Sphinxen, Tieren & Gräbern weist der Weg.

– Ist es so, daß im Beginn des 19. Jahrhunderts Ägypten auflebt? Und damit die Frage nach dem Menschenwesen inmitten der Tierheit?

Sind die Zeichen dafür in dieser Zeit zu finden? Ist ein Auftakt da, der etwas entläßt, wie die Quelle den Strom?

———

XVI. In wem lebt stärker der Drang: „Unsterblicher zu werden", um den Schleier der Isis zu heben als in Novalis?

Er schreibt 1798 die „Lehrlinge zu Saïs". Und darin die folgenden Stellen[x] (S.7): „Mich freuen die wunderlichen Haufen & Figuren in den Sälen, allein mir ist, als wären sie nur Bilder, Hüllen, Zierden, versammelt um ein göttlich Wunderbild & dieses liegt mir immer in Gedanken. Sie such ich nicht, in ihnen such ich oft. Es ist als sollten sie den Weg mir zeigen, wo in tiefem Schlaf die Jungfrau steht, nach der mein Geist sich sehnt".

S.21. „.... Ich wollt' Euch gern sagen, wohin, ich weiß selbst nicht, dahin wo die Mutter der Dinge wohnt, die verschleierte Jungfrau. Nach der ist mein Gemüt entzündet. Lebt wohl. Er riß sich los & ging fort. Seine Eltern wehklagten & vergossen Thränen, Rosenblüthchen blieb in ihrer Kammer & weinte bitterlich. Hyazinth lief nun was er konnte, durch Täler & Wildnisse, über Berge & Ströme, dem geheimnisvollen Lande zu. Er fragte überall nach der heiligen Göttin (Isis) Menschen & Tiere, Felsen & Bäume.

[x] zit. nach Minor Bd. IV.

Manche lachten, manche schwiegen, nirgends erhielt er Bescheid."

S. 44. „Verwandlung des Tempels zu Sais. Erscheinung der Isis. Tod des Lehrers. Träume im Tempel." . . . . .

S. 45. „Einem gelang es – er hob den Schleier der Göttin zu Sais – Aber was sah er? er sah – Wunder des Wunders – sich selbst."

Und ein Jahr nachdem alles dies nieder geschrieben war geschieht das grosse Ereignis: Der Stein von Rosette wird gefunden. Napoleons Zug nach Ägypten ist der Anlass. Und wie dieser manches andere veranlasste, so ist er dafür verantwortlich, dass dieser Stein gefunden, besser gehoben wurde. Nun können die Hieroglyphen die geheimen Schriftzeichen der ägyptischen Mysterien enthüllt werden.

Dieses geschieht 1814 gleichzeitig in England & Frankreich, von Young & Champollion. Nachdem Napoleons Stern untergegangen (1814), geht Ägyptens heiliger Sirius auf. Der Wolf verschwindet, der heilige Hund erhebt sich.

XVII. Die Dinge liegen aber noch tiefer. Schon 7 Jahre vor der Auffindung des Steines durch einen französischen Offizier, im Jahre 1793 schreibt Fichte eine Rede. Deren Titelblatt ist so:

Zurückforderung
der
Denkfreiheit
von
den Fürsten Europens,
die sie bisher unterdrückten.

Eine Rede

Heliopolis, im letzten Jahre der
alten Finsternis (1793)

Und Heliopolis war die Lehrstätte Echnatons, war die Stätte wohin Plato kam. Dort wurde Moses eingeweiht. (Die Bibel nennt es On). So ahnt Fichte voraus, was sich später verwirklicht.

XVIII. Im Jahre 1817 gibt Lorenz Oken, der große Naturforscher eine Zeitschrift heraus. Sie hat den Titel „Isis" & wird zum Zentralorgan des damaligen Denkens & Forschens. Humboldt, Carus, Schubert, Oken, alle schreiben für die „Isis", suchen das verschleierte Bild zu Saïs & trachten es zu „ent"schleiern.

Das Titelblatt der Zeitschrift:

oder Encyclopädische Zeitung

Das ist erstaunlich zu sehen. Und statt des Horus steht Anubis da.

Es ist besonders interessant zu wissen, dass Goethe schon (1819) im zweiten Jahr des Erscheinens diese Zeitschrift für Jena & Weimar verbot.

Wie er Napoleon verkannte & missdeutete; so wusste er auch mit „Isis" nicht umzugehen, wenn sie im offenbaren Gewand erschien.

XIX. Ein anderes Beispiel:

Schindler, im 2. Band seiner Beethoven-Biographie (S. 161) schreibt:

„(An Zeugnissen) von den religiösen Grundfesten unseres Meisters ist noch ein anderes vorhanden... Es beschränkt sich blos auf nachstehende Sätze: „Ich bin was da ist". „Ich bin Alles, was ist, was seyn wird, was war, kein sterblicher Mensch hat meinen Schleier aufgehoben". „Er ist einzig von ihm selbst u. diesem Einzigen sind alle Dinge ihr Daseyn schuldig".

„Diese Inschrift hat Beethoven mit eigener Hand abgeschrieben u. sie in einem Rahmen unter Glas stets vor sich auf dem Schreibtische gehabt".

So ist also auch das heilige Wort der ~~Isi~~ Isis vom Tempel zu Sais in die Musik Beethovens eingeflossen. Ist Form u. Inhalt geworden u. ersteht, wann immer diese erklingt.

—

XX. In der Perspektive der „geheimen Geschichte" gesehen stehen nun zwei Ereignisse da, wie Rahmengebilde um dies „Erwachen Ägyptens".

Die Tagseite ist die Welt des einen.
Die Nachtseite die Welt des anderen.

Die *Tagseite* ist Napoleon Bonaparte.
Der Mars-Dämon, herausgeboren aus der französischen Revolution,
Deutschland erobernd,
Spanien, Italien besiegend,
General-, Konsul-, Kaiser.
Er wird 1769 geboren, Saturn steht im Krebs.

Die *Nachtseite* ist die Sixtinische Madonna.
Dieses einzig-artige, wunderbare Bild der Himmelsmutter,
schirmend, heilend, friedenspendend für die Herzen zahlloser Menschen.
Es wird 1753 nach Dresden gebracht.
Saturn steht im Steinbock.

Die Spannung ♑ — ♋ ist gesetzt.
Die Zeit Ägyptens kann beginnen.

XXI. Dreißig Jahre ist Napoleon,
wenn der Stein von Rosette gefunden wird.
Saturn steht wieder im Krebs.
Dreißig Jahre nachher betritt Kaspar Hauser
die Erden-Bühne.
Saturn steht wieder im Krebs. Aber Napoleon ist tot.
Fünfzehn Jahre nach 1799 ist Napoleons
Stern im Schwinden.
Der Wiener Kongreß wird gehalten.
Saturn steht im Steinbock.
In der Spannung ♑ — ♋, die vom
Saturn regiert wird, steht Napoleons Schicksal.

XXII. 1753, zu Michaeli kommt die Sixtina nach
Deutschland.
Eine Mondknoten-Periode später wird Novalis
geboren. Er findet sich hin zu seiner Schöpfung.
Mutter & Sohn begrüßen einander auf deutschem
Boden.
1790, eine weitere Mondknotenperiode später,
ist drüben in Frankreich die Revolution im Gange.

Aber Novalis kommt nach Jena & dadurch in den Mittelpunkt seiner Schicksals-Kreise. Johannes findet die Jünger wieder. So darf er singen:

„Längst vermißte Brüder
Find ich nun in seinen Jüngern wieder."

In Italien aber findet im gleichen Jahre Goethe einen Schaf-Schädel & die Idee der Metamorphose der Wirbel in Schädelknochen offenbart sich ihm. Eine der wesentlichsten Einsichten seit Menschen begannen zu denken. Daß dies auf dem <u>Juden</u>friedhof geschieht, auf dem das Lamm gefunden wird, ist in sich Symbol des Ereignisses.

Die 3. Mondknotenperiode nachher wird Hauser geboren.

Die 4. Periode nachher betritt er zu Pfingsten Nürnberg. So vollendet sich das Sixtina-Schicksal.

Die Mutter, das verschleierte Bild des Raffael
zieht nach Deutschland. I.
Novalis wird geboren. II.
Novalis zieht nach Jena. III.
Kaspar Hauser geboren. IV.
Kaspar Hauser zieht nach Nürnberg. V.

XXIII. Ist es nun zu viel
zu sagen,
Daß Napoleon einherzieht
Gleich Typhon.
Er sucht seinen Bruder Osiris.
Der aber ist in Himmelswelten.
Dort wo Michael
Die großen Sternen-Imaginationen
Dem Kreis seiner Schüler einpflanzt.
Saturn & Sonne,
Mond & Erdenschicksal wird enthüllt.
Noch in der Geisteswelt
Verborgen ruht Osiris.
Sein heller Schatten
Lebt in Goethes Märchen,
In Schiller's Briefen,
überall dort
Wo Schicksal
Sternenhaft & lebensnah
Gesucht
Und heimlich auch
Gefunden wird.

XXIV.

Typhon ist wild.
Er will Osiris greifen,
Aber findet ihn nicht.
So greift, packt er,
Was am Wege liegt.
Er jagt die Völker,
Peitscht die Nationen,
Gleich der Schilddrüse
Die, wenn sie wildgeworden
Die Organe ineinander wirbelt.
Der Menschheit springt
Er an die Gurgel
Und will ihr Wort erdrücken.
Doch immer greift er, Typhon,
Nur ins Leere.
Wo ist Osiris?
Er ist nicht in Deutschlands Gauen,
In Rußlands Steppen,
Nicht in Italien u. Spanien.
Wo ist Osiris?
Nicht dort,
Wo du ihn suchst.

XXV.

Doch Isis
Die heilige,
Verwandelte Göttin,
Die Jungfrau ist still & wartet.
Viele kommen
Und treten vor sie hin.
Goethe & Carus,
Runge & Caspar David Friedrich.
Dresden wird ihr Bezirk;
Von ihr aus strahlt ein
zartes Licht.
Novalis singt:
Ich sehe dich in tausend Bildern
Maria, lieblich ausgedrückt.
Doch keins von allen kann dich schildern,
Wie meine Seele dich erblickt.
Ich weiß nur, daß der Welt-Getümmel
Seitdem mir wie ein Traum verweht,
Und ein unnennbar süßer Himmel
Mir ewig im Gemüte steht.

XXVI. Und Typhon ist rastlos.
Er zieht durch Dresden nach Rußland.
Er zieht von Rußland geschlagen,
Und kommt durch Dresden.
Er ist 1813 wieder in Dresden
Und von da aus
Geht er nach Leipzig.
Sein Stern versinkt.
Er fand Osiris nicht
Und Isis ward verborgen
Vor seinem Blick.
Sie wartet & ist still
Und weiß
Ihr wahrer, wirklicher,
Friedvoller Sohn
Ist geboren.
Viele glauben
Er <u>sei</u> ein Sohn des Typhon,
Aber das erscheint nur so.
Er ist ein Sohn der Isis
Horus-Hauser.

XXVII.

Der neue Horus
Kommt einhergeschritten,
Ägyptens Sohn,
Verarmt,
Allein gelassen.
Durch Nürnbergs abendliche Gassen.
Der Welten Hohn,
Der Sünde Lohn.

Doch oben singt der Engel Chorus
Begrüßt den neu erstandnen Horus.

13.) Montag, d. 8. März ist fertig geschrieben das Requiem für Frau Dr Wegman. In der Nacht waren die R.A.F. über Nürnberg; heute wird in der Zeitung gesagt, daß die Deutschen im Rundfunk bekannt gaben, daß „practically the whole of old Nuremberg was destroyed".
Ist das Schicksalssprache oder Zufall?

Montag, so viel wir nun wissen, wurde auch Frau Dr Wegman's Sterbliches in Basel eingeäschert.

10. März 1943

Karl König auf der Treppe von Ita Wegmans Holzhaus in Arlesheim 1928.

Dieses Land ist uns Menschen ahnbar geworden

Karl Königs Herzensnähe zu Kaspar Hauser

– aus Notiz- und Tagebuchaufzeichnungen –

von Richard Steel

Ich erinnerte mich wohl, dass die Gestalt des Kaspar Hauser immer meinem Herzen nahe gewesen war, und ich wusste, dass sein Wesen mit der Arbeit, die wir tun, tief verbunden ist.

Karl König, «Auch eine Weihnachtsgeschichte»[1]

Im Folgenden wird der Versuch unternommen, der tiefen Beziehung, die Karl König wohl zu dem Wesen Kaspar Hausers spürte, in den Dokumenten nachzugehen, die König zwar testamentarisch gezielt zu seinem «geschriebenen Werk» zählte, die aber doch einen besonderen Einblick in sonst eher verborgene Bereiche seiner Biographie gewähren. Den Tagebüchern vertraute er Erlebnisse und Erkenntnisse an, über die er höchstens im vertraulichen Gespräch sprach; Vorgänge, mit denen er zunächst auf dem eigenen inneren Schulungsweg noch umzugehen hatte.

Ausgangspunkt unserer Betrachtung ist eine entscheidende und schicksalswendende Zeitspanne in der Biographie Karl Königs: Die Zeit um die Jahreswende 1927/28 mit seiner Einführung in die Heilpädagogik durch Ita Wegman in Arlesheim, sowie dem Beginn seiner Lehr- und Vortragstätigkeit unter ihrer ermutigenden Führung. Diese Episode ist eindrucksvoll bei Peter Selg nachzulesen.[2] Auf zwei Geschehnisse sei aber zunächst hier aufmerksam gemacht: König, der in Wien am Embryologischen Institut assistiert hatte, war versiert auf diesem relativ neuen Forschungsgebiet. Er war als junger Mensch schon mit vielen Fragen in Bezug auf die Bedeutung der Lebenskräfte und über die Entstehung menschlichen Lebens überhaupt, in das Medizinstudium und dann in das Institut eingetreten. Nun hatte er viele beglückende Antworten durch den Goetheanismus und vor allem durch die Anthroposophie erhalten. Wegman erkannte sowohl die Möglichkeit, über dieses für die Anthroposophie neue Gebiet durch König schreiben und vortragen zu lassen, als auch die Begabung der lebendigen und bildhaften Darstellungsart, die er mitbrachte. So ermutigte sie ihn, zu Weihnachten 1927 einen «großen Vortrag» vor über tausend Menschen in Dornach darüber zu halten. Es war, so wie sie und viele andere Zuhörer bestätigten, ein unmittelbarer Erfolg. So kam es, dass er gebeten wurde, zu Pfingsten 1928, dieses Thema wieder darzustellen. Wir wissen von seinen Vorbereitungsnotizen, dass der Inhalt beider Vorträge zumindest sehr ähnlich gewesen sein muss, doch begann mit Pfingsten 1928 eine wachsende Abneigung gegen seine Darstellungsart und sogar Gegnerschaft gegen ihn, die sich soweit steigerte, dass er – 1935 – aus der Anthroposophischen Gesellschaft ausgeschlossen wurde. Ein «inneres» Exil ging dem äußeren voraus.

In großen Bildern hatte König die Embryologie mit der Weltentstehung verglichen, dabei auf die Mysterien von Ephesus, den Prolog des Johannes und auf die von ihm so hoch geschätzte Sixtinische Madonna hingewiesen – Elemente, die sowohl im «Requiem» für Ita Wegman als dann am Ende seines Lebens in den embryologischen Vorträgen in Freiburg[3] wiederkehren. Doch wurde massiv Kritik geübt. Im Dornacher Mitteilungsblatt der Anthroposophischen Gesellschaft schrieb Marie Steiner:

> Ist es denn nötig, das unendlich Keusche und Zarte, das aus dem Isis-Maria-Bilde wie lichter Zauber aus geistigen Frühlingswelten zu uns spricht, in die Sphäre des Alltags und der anatomischen Vorstellungen herunterzuzerren [...]?

Nachdem König brieflich versucht hatte, diese sich gegen ihn zuspitzende Situation aufzufangen, erschien abermals – am 15. Februar 1931 – ein Aufsatz von Marie Steiner, in dem direkt Bezug auf den Pfingstvortrag genommen wird:

> Diese Offenbarungen wurden vorgebracht mit einer gewissen weihevollen Stimmung, mit dem Anspruch auf okkulte Eingebung; sie wirkten dadurch suggestiv und wurden von vielen mit andachtsvoller Ehrfurcht aufgenommen, von anderen natürlich mit Entrüstung zurückgewiesen.[4]

Es ist sicher wichtig zu bemerken, wo die Feindschaft und die Gründe für den Ausschluss wurzeln: weder durch die Nähe zu Ita Wegman alleine, noch durch seinen Wegman verteidigenden Brief, der sich stark gegen den Vorstand richtete. Dies wurde lange vermutet. Doch wo liegt der Bezug zu Kaspar Hauser?

Kann es Zufall gewesen sein, dass diese plötzliche Wendung der Stimmung gegen Karl König nicht an irgendeinem Pfingstmontag durch einen (wiederholten) embryologischen Vortrag geschah, sondern genau hundert Jahre nach dem Erscheinen Kaspar Hausers, Pfingstmontag 1828? Gerade König lebte ja sehr stark mit solchen Zusammenhängen in den geschichtlichen Rhythmen; viele Vorträge und zahllose Aufzeichnungen zeugen von diesem bestimmten Bewusstsein für die Geschichte. Hat er diesen Zusammenhang bemerkt? Diese Frage wird im Weiteren wieder aufgegriffen. Und was war wiederum der nach außen erscheinende Grund dieser Gegenstimmung? Es war vor allem die Art, in der König vortrug, aber auch schrieb, denn seine Aufsätze zeigten den gleichen Stil: Marie Steiner hatte die Stimmung, sicher mit Recht «weihevoll» genannt, schrieb aber von «okkulter Eingebung». Dagegen protestierte König zwar, doch lässt sich eigentlich nicht leugnen, dass er einerseits selbst immer wieder durch «bildhafte Erlebnisse» inspiriert wurde, andererseits auch diese Stimmung seinen Zuhörern und Lesern vermittelte. Peter Selg hat diese Eigenschaft in einer besonderen Weise herausgearbeitet;[5] er kommt zu der Aussage: «Seine Vorträge waren in diesem Sinne keineswegs eine primäre Mitteilung von längst erarbeiteten Erkenntnissen, sondern viel eher Handlungsvollzüge eines aktuellen Geschehens.»[6] Stets war aber König die Aussage Rudolf Steiners wesentlich, dass das bildhafte Bewusstsein, das die Menschheit zu Gunsten des Intellektes verloren hat, in der Zukunft auf einer bewussten Stufe durch eigene Arbeit wieder erlangt werden muss.[7] Er wurde sich auch früh darüber klar, dass die inneren Kräfte, die zum Bilden innerer Bilder nötig sind, genau die gleichen sind, die unseren Leib aufgebaut und mit Wachstum und Entwicklung erfüllt haben. So standen sich seine lebenslange Beschäftigung mit der Embryologie und sein Zugang zu dem Bildhaften, dem Streben nach einer höheren, imaginativen Erkenntnis, bereits ab der Studienzeit nahe. Er begann zu ahnen, was es bedeutete, als Christus sagte: Wenn ihr nicht werdet wie die Kindlein, so werdet ihr nicht in das Reich der Himmel eingehen.[8] Immer wieder in Vorträgen knüpft König den Bezug zur Embryologie und stellt diese in die große, kosmische Dimension. Auf einen Zettel schrieb er die Worte: «Embryologie muss Embryosophie werden».[9]

Karl König stellt auch fest, dass gerade die Geburt der modernen Embryologie – durch die Veröffentlichung von K. E. von Baer – im Jahre 1828 zu sehen sei: das Jahr in dem Kaspar Hauser, an dem Pfingstmontag in Nürnberg ausgesetzt wurde.[10] Zugleich ist es der embryologische Pfingstmontag-Vortrag, einhundert Jahre später, bei dem der Weg der Ausgrenzung[11] für König begann.

Merkte König, der immer so geschichtsbewusst war und stark mit den Rhythmen der Zeit lebte, diesen Zusammenhang nicht selber? Wir finden keine Erwähnung in den Vorträgen, keine Notiz in den intimeren Tagebüchern und Aufzeichnungen. Allerdings fehlt das Tagebuch von 1928 im Archiv.

Zwei Eigenschaften sind es also zumindest, die diese innere Verwandtschaft zwischen Karl König und Kaspar Hauser verdeutlichen: das bildhafte Erleben und die starke Gedächtniskraft, das sich bei beiden willenshaft zum starken Gewissen steigert. Es sind zwei Eigenschaften, die Rudolf Steiner mit der atlantischen Kultur verband. Interessanterweise kam Steiner in einer besonderen Weise auf diese Zusammenhänge in seinen Vorträgen über Richard Wagner zu sprechen.

Das Land der Lebenskräfte

> Er [Wagner] sah in die Urzeit zurück, wo der Mensch durch enge Bande der selbstlosen Liebe verknüpft war, wie er damals ein traumhaftes Bilderbewusstsein hatte. Auf der Atlantis gab es dieses Traumbewusstsein [...] Die Fluten der Atlantis bilden die Ströme der deutschen Tiefebene. Es ist, als ob das Rheinwasser aus dem Nibelungenheim abgeflossen wäre. [...] Was in natürlicher Liebe aufgelöst war, strömt in den Rhein als Weisheitsgold. Auf der einen Seite ist das Selbstlose im Golde symbolisiert, andererseits das Egoistische in dem Zusammenschließen des Ringes.[12]

Offensichtlich meint Rudolf Steiner die rheinische Tiefebene, in deren Mitte das Karlsruher Schloss liegt; der Geburtsort Kaspar Hausers, dort, wo Rudolf Steiner 3 mal 33 Jahre später seinen bedeutenden Zyklus «Von Jesus zu Christus» gehalten hat. Die nördliche Begrenzung dieser Ebene ist bei Frankfurt, dem Geburtsort Goethes, die unterste Spitze derselben führt nach Basel, Standort des Goetheanum, und von Arlesheim, wo König seine schicksalswendenden Erlebnisse 1927/28 hatte. In unmittelbarer Nähe von Karlsruhe wurde, noch vor Baubeginn des Goetheanums, der Rosenkreuzer Tempel als Modell gebaut. Und dort wurde in dem Jahr 1909 der Franz von Assisi-Zweig von Rudolf Steiner eingeweiht. In seinen besonderen Worten erleben wir einerseits einen direkten Bezug zu Franziskus, aber vielleicht auch doch zu dem Wesen Kaspar Hausers, der dort spirituell mit der Landschaft verbunden ist. Er sprach von den fördernden Geistern der Natur und vom geistdurchdrungenen Sonnenlicht an dem Ort.[13] Und bevor er auf das Thema eingeht, kommen bedeutsame Worte:

> Jetzt darf ich das Wort unserer großen Verkündiger der neuen Weisheit, das Wort unserer Meister der Weisheit und des Zusammenklanges der Empfindungen hier an diesem Ort vermitteln [...] Heute darf das geschehen.

Im Weiteren wird dann von der atlantischen Kultur in einer Weise gesprochen, die sowohl an das hilflose Wesen Kaspar Hausers als auch an manche Ausführungen Königs über die Zukunftsbedeutung der Menschen mit Behinderung erinnern, denn die Vorbereiter der nachatlantischen Kulturen waren nicht die hochstehenden atlantischen Persönlichkeiten:

> All die, welche die großen Forscher und Entdecker waren, sahen verachtungsvoll herunter auf dieses kleine Häuflein [...] Und dieses kleine Häuflein war es, welches dann die Möglichkeit lieferte, dass die nachatlantischen Kulturen begründet worden sind.

Weiter beschreibt er, wie durch diese Gruppe von Menschen die größte spirituelle Tat der nachatlantischen Zeit – das Christus-Ereignis – vorbereitet worden ist.

Die erste ausführlich kommentierte Zusammenstellung über diese Frage der Atlantis haben wir dem Historiker und Kaspar-Hauser-Forscher Karl Heyer zu verdanken. Von besonderem Interesse ist hier, dass ab 1953 ein ausgedehnter Schriftwechsel zwischen ihm und Karl König entstand. Ab April 1958, mit der ersten Camphill-Gründung am Bodensee, gab es Möglichkeiten für König, auf seinen Reisen hin und wieder Heyer in seinem Haus in Kressbronn zu besuchen. Doch starb Heyer 1964, kurz nachdem König ihm geschrieben hatte, dass er nun ganz an den Bodensee ziehe und ihn nun öfter besuchen könne.

Gerade in einem der vielen Briefe, in denen die beiden sich über ihre Fragen und Erkenntnisse über Kaspar Hauser austauschten, beschreibt Heyer, wie er selbst nachträglich tief beeindruckt war, dass Rudolf Steiner ihm die Aufgabe gegeben hatte, geschichtliche Forschungen anzustellen, die von der «Wandlung des Fürstenbegriffs» ausgehen sollten. Beeindruckt war er vor allem deswegen, weil dieses Gespräch am 29. September 1912 stattgefunden hatte – exakt einhundert Jahre nach der Geburt Kaspar Hausers.[14] In seinem Kaspar-Hauser-Buch[15] vergleicht

Heyer Kaspar direkt mit Parzival, so wie Wagner auch die Parzifalgestalt erfasst hat: «durch Mitleid wissend, der reine Tor.»*

Als Karl König in der Adventszeit, gerade am 14.12. des Jahres 1958, im schottischen Newton Dee für die Mitarbeiter über Aspekte der inneren Arbeit sprach, widmete er jeden der drei Vorträge einer der ritterlichen Tugenden des Mittelalters, sie gleichsam zu heutigen Tugenden in Bezug setzend. Der dritte Vortrag, der am Sterbetag Kaspar Hausers – am 17. Dezember – gehalten wurde, behandelte die «Keuschheit». Diese «Keuschheit», oder Reinheit der Seele beschrieb er gerade anhand der Parzival-Geschichte. Gegen Ende seiner Darstellung kam König aber auf Kaspar Hauser zu sprechen:

> Wenn wir unseren historischen Überblick fortsetzen auf der Suche nach dem Wesen von Josef, von Parzifal, finden wir es wieder in neueren Jahrhunderten in der Individualität von Kaspar Hauser. [...] Wir finden die gleichen widerstreitenden Polaritäten, einerseits die Faszination, andererseits Zorn, Hass und Neid, die dieses ‹Kind Europas› überall verfolgten, wie in ihm das unbefleckte Bild des unverdorbenen Menschen, der Glanz der Reinheit wieder erscheint. Die Geschichte von Kaspar Hauser zu erzählen, hieße, die Geschichte von Josef oder Parzival zu wiederholen, weil wieder der Hintergrund die untergehenden Mysterien der Blutsverwandtschaft ist. In Kaspar Hausers Fall ist der versteckte Hintergrund nichts weniger als die Vetternwirtschaft der napoleonischen Macht und des Einflusses. Es ist der Schatten Napoleons, der hinter Kaspar Hauser steht. [...]
> Allmählich ertrank sein Wesen in den Sinneserfahrungen und den

* Am Ende des ersten Aufzugs der «Parsifal-Oper», als Parsifal des Gralstempels verwiesen wird, erklingt eine Stimme aus der Höhe, die mit den letzten Klängen der Gralsglocken die Worte der Prophezeiung wiederholt: «Durch Mitleid wissend, der reine Tor.» Wagner hat wohl den Namen von anfangs «Parzival» zu «Parsifal» abgeändert, um die von ihm aufgenommene persische Herkunft des Namens zu unterstreichen: «parsi» = Tor, «fal» = rein.

> Merkmalen der Zivilisation. Allmählich verwelkte die Reinheit seiner Existenz und er wird von den Kräften des Verrates umzingelt, bis schließlich am 14. Dezember 1833 ein Dolch in seine Brust gestoßen wurde und er drei Tage später starb [...] Wenn wir dies überlegen, erkennen wir in Kaspar Hauser wieder einen Träger der Reinheit, den die Mächte der Dunkelheit zerstören wollten, was sie tatsächlich auch taten. Das traurige Schicksal eines Ödipus und eines Judas, das auch ihren berechtigten Platz in der Geschichte der Menschheit hat, muss durch die Vermittlung von vielen dunklen Gestalten handeln, wie Napoleon, Metternich, oder die des Schwindlers Stanhope und unzählige andere.
> Es gibt einige Bilder, die auftauchen können, wenn wir versuchen, uns dieser besonderen Tugend der Reinheit zu nähern. Immer wieder finden wir das gleiche Schlachtfeld vor zwischen dem alten Blut – den Familienbanden, die zu den dekadenten Mysterien gehören – und dem Neuen Adam[16] [...] Das Blut im Kreis der 12 Sinne verlangt nach der Tugend der Armut, um es zu reinigen; das Blut in den Gliedern braucht die Tugend des Gehorsams, um es zu reinigen, und im menschlichen Herzen ruft es nach der Tugend der Reinheit, das die wahre Bedeutung des Namens der Mutter Parzivals, Herzeloide (Herzeleid) ist. Wir können natürlich das Wort ‹Blut› durch das Wort ‹Ich› ersetzen, oder wir können auch sagen: ‹das Ich im Blut›, diesem sehr besonderen Saft.[17]

Wie ist aber diese Eigenschaft Kaspar Hausers mit dem neuen Fürstenbegriff in Zusammenhang zu sehen, mit dem sich Karl Heyer beschäftigt hat? Ein Abschnitt seines Buches ist auch der Feststellung gewidmet, dass Kaspar Hauser – selbst wenn er seine politische Aufgabe hätte erfüllen können – kein «Nibelungen»-Fürst gewesen wäre, doch gerade dieser Nibelungen-Wildheit zum Opfer gefallen ist. Aber auch der Kaspar Hauser-Zeitgenosse Wagner – der ein Jahr später geboren wurde – blickte keineswegs nur zurück in die Wildheit der Nibelungen-Zeiten. Bei ihm leuchtete stets etwas Zukünftiges auf, vielleicht eine persönliche Hoffnung, die mit dem Heiligen Gral und einem neuen Priester-Königtum zu tun hatte.*

Karl Heyer konnte viele Einzelheiten über den Bezug Kaspar Hausers zu dem Priester-Königtum aber auch zur atlantischen Vergangenheit zusammenstellen. Er bat König, eine Besprechung des Buches, das 1958 im Eigenverlag erschien, in der Zeitschrift *Die Drei* zu machen – kein Verlag wollte das Buch annehmen. König freute sich, dass Heyer allen vermeintlichen mündlichen Aussagen Rudolf Steiners zu dem Thema nachgegangen war, um sie möglichst zu prüfen. Er war ein sehr gewissenhafter Historiker. Eine dieser Aussagen war, dass Steiner keine vorhergehende Inkarnation Kaspar Hausers finden konnte. Dies schien damit zusammenzuhängen, dass sein vorhergehendes Leben während der atlantischen Entwicklungszeit gewesen ist. In einem Brief, Oktober 1955, schrieb König seinem Forscher-Freund direkt:

> Was heißt ‹versprengter Atlantier› – ich kann damit nichts anfangen!

Dass Kaspars Erscheinung seine Zeitgenossen unmittelbar veranlasste, an einen «vorsintflutlichen» Menschen zu denken, dokumentierte Daumer mit der Aussage: «dieser wahre Sündenfall war hier noch nicht eingetreten; es stand ein paradiesischer Urmensch im Sinne der moralischen Fassung vor Augen, ein anbetungswürdiges Wunder.»[18] Und in der Einleitung zu seinem Buch *Kaspar Hauser, Sein Wesen, seine Unschuld, seine Erduldungen und sein Ursprung* spricht er sogar von der himmlischen Erscheinung einer engelschönen und engelreinen Seele.[19]

Ein Jahr noch nach Kaspar Hausers Auftreten in Nürnberg berichtete sein Lehrer Georg Friedrich Daumer: «er hatte aber sehr poetische

* Wir wissen auch durch die Forschung von Walter Beck (in seinem Buch *Richard Wagner. Neue Dokumente zur Biographie*, Tutzing 1988, Seiten 19 und 215), dass die Familie Wagner sich Gedanken über den Fall Kaspar Hauser machte. Eine Begegnung zwischen Richard Wagner und Kaspar Hauser fand sogar im Januar 1833 in Bamberg statt.

Träume, und es schwebten ihm zuweilen auch im Wachen merkwürdige Bilder vor.» Als Beispiel schreibt er, wie Kaspar von seiner Todesankündigung träumte: Ein schöner, weißer Jüngling wollte ihm einen Kranz überreichen, den er aber nicht annehmen wollte. Erst als er einwilligte, sei der Traum vorbei gewesen.[20]

Wie wir sehen werden, legen Königs Tagebücher darüber Zeugnis ab, dass er im ganzen Schaffen – und bis in die letzten Wochen seines Lebens sich immer wieder von dieser Bilderwelt inspirieren lassen konnte, sogar in diesem Land «spazieren gehen konnte», um seine Zuhörer und Leser an seinem Erkenntnisprozess teilhaben zu lassen. Es ist das Land, das er in einer Zeit innerer Not auf dem Spaziergang betritt und als das Land des Lebens und der Wahrheit in seiner Weihnachtsgeschichte beschreibt. In dieser Geschichte verweben sich Königs Erlebnisse einer Bildekräftewelt mit seinem weiterhin starken Bezug zu Mitteleuropa, ihren inneren Aufgaben aber auch ihren äußeren Landschaften. «Ist Österreich gestorben?» fragt er.[21]

Die letzten Jahre seines Lebens durfte er dann im Lande Kaspar Hausers verbringen, das Paradiesische der Bodensee-Landschaft wahrnehmend.

Zum letzten Abschied in Schottland am 21. Februar 1966, schreibt König ahnend:

> Draußen ist schlimmes Wetter; Regen, Nebel und Schnee und tiefes Dunkel. So ist es nicht allzu schwer abzureisen und doch nicht leicht alles zurückzulassen. Ist es schon ein endgültiger Abschied?

Und bei der Ankunft in Brachenreuthe am Bodensee:

> Draußen ist ein strahlender Tag. Die Berge leuchten über den See herüber und die Sonne scheint. Der Zauber dieses Landes ergreift uns wieder tief und die Dankbarkeit, hier im Birkenhaus leben zu dürfen.[22]

Die biographische Nähe

Während seiner Jugend hatte Karl König sehr mit sich, seinen Lebensintentionen und dem Erleben seiner eigenen Schwächen zu kämpfen. Seine eigenen Gewissenskräfte und die Auseinandersetzung mit dem Christusimpuls, obwohl noch im Judentum stehend, führten ihn zu tiefen Fragen gegenüber seiner Zukunft. Ende des Jahres 1919 – König ist siebzehn Jahre alt – kommt diese innere Dramatik zu einem besonderen Höhepunkt. In seinem Tagebuch finden wir reichlich Zeugnis von seinen Hoffnungen und Zweifeln:

> Warum reichen sich die Menschen nicht die Hände und die Seelen zum Bund und jubeln: Kommt, wir sind Brüder, lasst uns gut sein und leben.

Der Bezug zum Christuswesen kommt stark zum Ausdruck («In mir ist vieles hellklar geworden. Ich habe erkannt. Christus habe ich nunmehr ganz erkannt.»), doch kulminiert alles zunächst in erschütternder Selbsterkenntnis:

> Ich werde nach der Matura in einer Fabrik arbeiten. Ich bin so schlecht durch und durch, dass ich durch große Qualen zur Helle streben muss. Es ist meine tiefste Überzeugung, die ich anwenden werde.
> Matthias Grünewald. Genialer Maler. Der Meister des Schmerzes. So wie er hat noch keiner das Menschenantlitz erkannt.
> [...] Ich bin noch zu schwach zur Ausübung dieser Erkenntnis.

Zu dieser Jugendzeit hat Karl König wohl noch nichts von dem anderen Meister des Schmerzes, Kaspar Hauser gehört. Doch hatte er diese Worte an dem 14. Dezember 1919 geschrieben, dem Tag der Erdolchung Kaspar Hausers (14. Dezember 1833). König musste tatsächlich durch viele Schmerzen hindurch auf seinem Weg der Selbsterkenntnis und Selbstverwandlung, auf dem er immer mehr das Wesen Kaspar Hausers erkennen und einbeziehen lernte.

Wie sehr Karl König die Aufgabe Kaspar Hausers in Zusammenhang mit dem Wesen und Schicksal des Seelenpflege-bedürftigen Menschen gesehen hat, zeigen Aufzeichnungen für eine Tagung über den *Heilpädagogischen Kurs* Rudolf Steiners, die er 1943 in Schottland mitgestaltete.

Willi Sucher war einer der Mitredner gewesen, der über das Horoskop des Kurses sprach. Später wird König in seinem Aufsatz über die Geschichte der Heilpädagogik schreiben:

> Das Wesen Kaspar Hausers, der durch die Trägheit des Herzens der ihn umgebenden Menschen zum Untergang verurteilt war, ist dreimal 33 Jahre nach seinem ersten Erscheinen in dem *Heilpädagogischen Kursus* Rudolf Steiners wieder auferstanden.[23]

So sehen wir, wie König immer die Nähe Kaspar Hausers in den Aufbauarbeiten der therapeutischen Gemeinschaft spürte. Aber erst im Betrachten der vielen Horoskope, die in der schottischen Arbeitsstube entstanden, finden wir einen Hinweis, dass er sich der Bedeutung des verhängnisvollen Pfingsterlebnisses 1928 voll bewusst war und innerlich über die vielen Jahre wohl damit umging. Ein Blatt vereinigt die Sternenstellungen für beide Pfingstmontage: 1828 und 1928.[24] Erst beim genaueren Betrachten fällt aber auf, dass in dieses Bild hinein sogar die Planetenstellungen seines eigenen Geburtshoroskopes gezeichnet sind.

Und unter den Notizen für die Horoskope finden wir einzelne Blätter, die davon künden, dass König diese Berührung zwischen seinem Schicksal und dem Kaspar Hausers auch weiter beschäftigte. Er hat offensichtlich versucht, diese innere Verwandtschaft zu ergründen. Auf dem einen Blatt stehen gleich zwei Parallelen, die astrologische Bedeutung hatten: Genau 5 Mondknoten errechnete er zwischen dem Tod Kaspar Hausers und seinem ersten Weihnachtsfest in Pilgramshain – dort, wo er das Christliche in tiefer Weise in Mensch und Landschaft erlebt hatte.

> (Es war wie ein erstes Tauen, das über die innerste Eiskruste meines Herzens ging, als wir miteinander waren. Das innerste Christentum Ihrer Seele und die tiefe Geistigkeit der umgebenden Landschaft vermochten es.)[25]

Zugleich vermerkte er, dass das erste umfassende Verzeichnis der Literatur über Kaspar Hauser im Börsenblatt für den deutschen Buchhandel am 28. und 30. Dezember 1901 – also während seiner eigenen Empfängnis – erschien.

Als Jakob Wassermann in genau jenem Schicksalsjahr Karl Königs – 1928 – auf seine eigenen Erlebnisse mit dem Kaspar-Hauser-Roman zurückblickt, vermerkt er:

> Es scheint, als ob von Zeit zu Zeit, nach Jahrzehnten des Schweigens, das Andenken an das ‹Kind von Europa› wie eine Flamme aus der Versunkenheit emporschlage, als ob da ein Gesetz der Periodizität walte.[26]

Elf Jahre zuvor – Weihnachten 1917 – hatte Rudolf Steiner erstmals das Gesetz der Umlaufszeit geschichtlicher Ereignisse beschrieben,[27] ein «Gesetz der Periodizität» geschichtlicher Ereignisse in 33,3-Jahreszyklen.

An dieser Stelle soll nun ein einschneidendes Ereignis in der Biographie Karl Königs betrachtet werden, das kurz vor den beiden oben erwähnten Embryologie-Vorträgen stattfand und König bereits seine zukünftige Aufgabe erahnen ließ: Während der Adventsfeier am Sonnenhof, dem Arlesheimer heilpädagogischen Heim, war ihm plötzlich eine Schicksals-Gewissheit erschienen. Dieses Erlebnis kann nun in einem neuen Licht gesehen werden: War es nicht auch schon dem Wesen Kaspar Hausers nahe, dem Wesen des verhinderten Schicksals?

IN MEMORY OF THE LECTURES ON CURATIVE EDUCATION BY RUDOLF STEINER

FEBRUARY 3rd – FEBRUARY 14th 1943

WEDNESDAY, FEBRUARY 3rd
DR. K. KÖNIG
THE CONSTRUCTION AND SHAPE OF RUDOLF STEINER'S LECTURE-COURSE

FRIDAY, FEBRUARY 5th
MR. W. SUCHER
THE HOROSCOPE OF THE LECTURES ON CURATIVE EDUCATION

SUNDAY, FEBRUARY 7th
MRS. KÖNIG
HOW PILGRAMSHAIN WAS BUILT AND FORMED
MRS. AMANN
I REMEMBER THE SONNENHOF
MR. AMANN
WHAT I KNOW ABOUT COURCELLES
DR. SCHAUDER
MEMORIES OF PILGRAMSHAIN

TUESDAY / FEBRUARY 9th

MRS· SCHAUDER
THE FIRST BACKWARD CHILD I MET IN GNADENWALD

MRS· LIPSKER
MEMORIES AND THOUGHTS RELATING TO MY BROTHER

MR· BAUM
MY ROAD TO ANTHROPOSOPHY

MR· BOWEN
CURATIVE EDUCATION AND SOCIAL QUESTION

MR· LIPSKER
CURATIVE EDUCATION AND THE NEW ART OF GARDENING

WEDNESDAY / FEBRUARY 10th

MRS· ROTH JUN·
ADALBERT STIFTER AND CURATIVE EDUCATION

MISS ROTH
GOETHE AND HIS CONNECTION TO CURATIVE EDUCATION

MISS LAZARUS
CURATIVE EDUCATION AND CURATIVE EURHYTHMY

THURSDAY / FEBRUARY 11th

DR· E· LEHRS
MY MEMORIES ON RUDOLF STEINER'S LECTURES ON CURATIVE EDUCATION

FRIDAY / FEBRUARY 12th

DR· TH· WEIHS
CURATIVE EDUCATION AND THE CAMPHILL COMMUNITY

MR· P· ROTH
THE MEDITATION

MRS· WILLIGER
CURATIVE EDUCATION AND THE CHRIST-EXPERIENCE

SUNDAY / FEBRUARY 14th

MR· W· SUCHER
THE HOROSCOPE OF THE LECTURES ON CURATIVE EDUCATION AND THE HISTORY OF THE WORLD

DR· K· KÖNIG
ERNST HAECKEL AND FRIEDR· RITTELMEYER

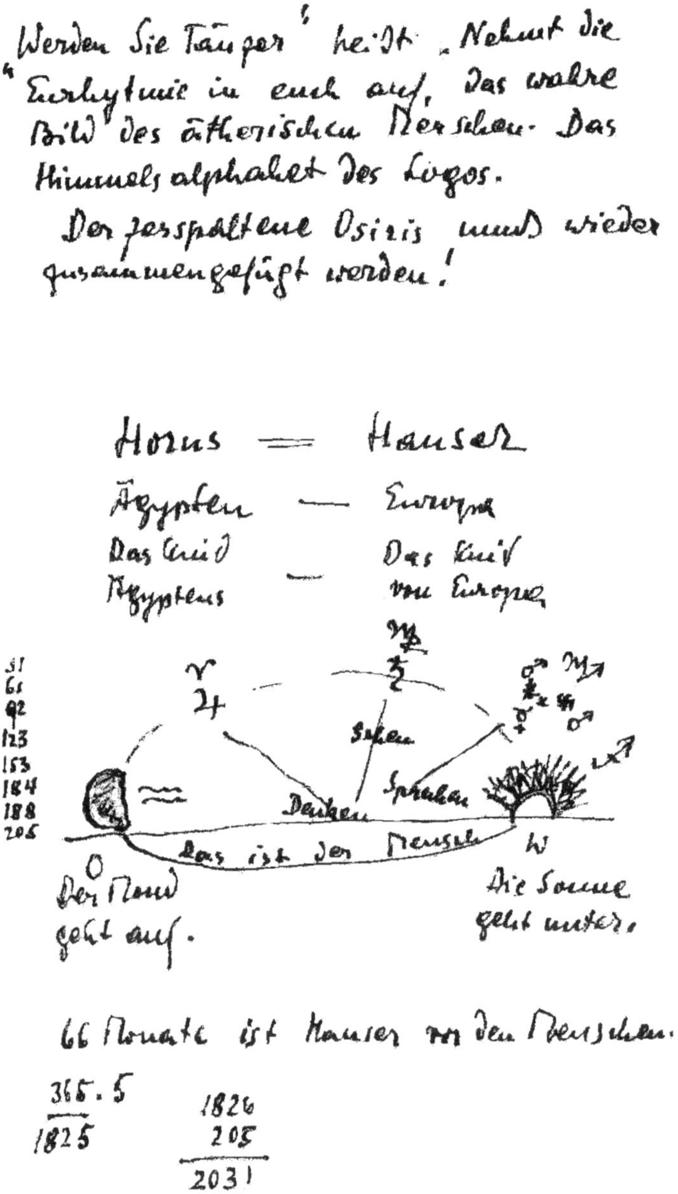
„Werden Sie Tänzer" heißt „Nehmt die Eurhythmie in euch auf. Das wahre Bild des ätherischen Menschen. Das Himmelsalphabet des Logos.

Der zerspaltene Osiris muß wieder zusammengefügt werden!

Horus = Hauser

Ägypten — Europa

Das Kind Ägyptens — Das Kind von Europa

66 Monate ist Hauser vor den Menschen.

365 . 5
1825

1826
205
2031

Aus den Notizen Karl Königs zur Vorbereitung der Tagung 1943.

> An diesem verkündenden Weihnachtslicht sollten die kleinen Kerzlein, die auf dem Sündenapfel befestigt waren, angezündet werden! Und plötzlich wusste ich: ja, das ist meine zukünftige Aufgabe! In jedem dieser Kinder sein eigenes Geisteslicht so zu erwecken, dass es zu seinem Menschsein geführt wird, das ist es, was ich tun will.[28]

Jene zukünftige Aufgabe führt allerdings weiter als bis zur «einfachen» Heilpädagogik: eine neue Art der Gemeinschaftsbildung soll mit diesen Kindern entstehen, in der Elemente des zukünftigen «Priester-Königtums» vorbereitet werden können, in dem es nicht ums Herrschen geht, nicht um Nibelungen-Fürstentum. Bald nach seiner Ausreise aus Mitteleuropa, 1938, machte König von London aus einen ersten Besuch bei Freunden Ita Wegmans im Norden Schottlands und schaute sich das von ihnen angebotene Kirkton Pfarrhaus an. Es war der Verwundungstag Kaspar Hausers, der 14. Dezember. In dieser Zwischenphase des Exils – gelandet in London, aber noch nicht in Schottland – erlebte König eine weitere Stufe dieser Aufgabe:

> Könnten wir nicht ein Stück der wahren europäischen Bestimmung aufgreifen und es in einen Samenkorn verwandeln, so dass etwas von seiner wahren Mission gerettet würde? Ein Stück von seiner Humanität, seiner inneren Freiheit, seiner Friedensliebe und seiner Würde? [...] sollten wir nicht versuchen, etwas von diesem Europa zu verwirklichen? [...] nicht mit Worten, sondern mit Taten zu verwirklichen? Zu dienen und nicht zu herrschen, zu helfen und nicht zu zwingen, zu lieben und nicht zu kränken. Das wird unser Auftrag sein.[29]

Am 14. Jahrestag des Todes von Rudolf Steiner – 30. März 1939 – konnte die kleine Exilantengruppe um Karl König den ersten Anfang ihrer Gemeinschaftsgründung im Kirkton House, nördlich von Aberdeen ge-

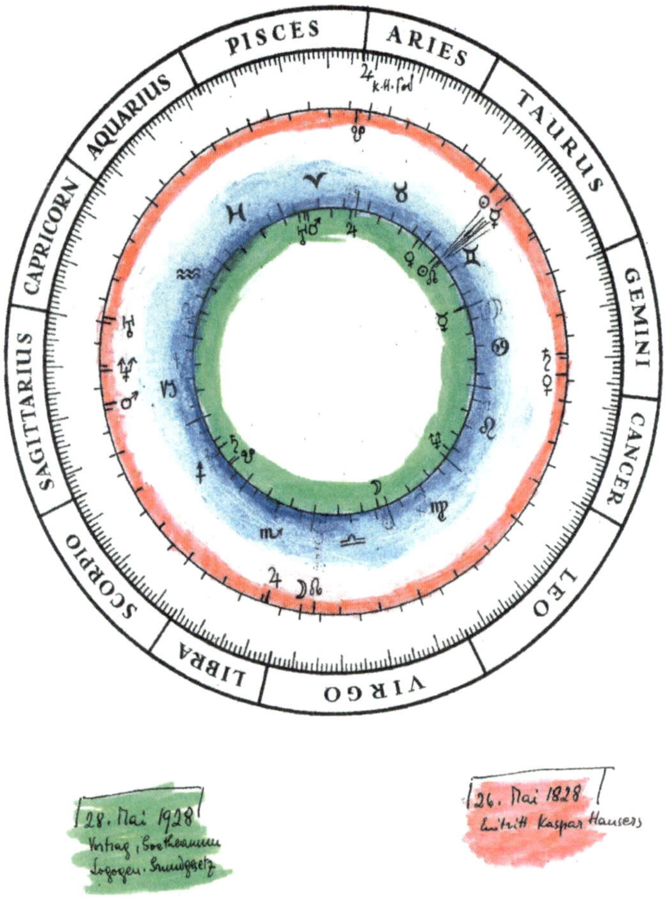

Die Farben sind bei der Zeichnung Königs eingefügt: grün ist das Horoskop des Vortrages, Pfingstmontag 1928. Rot das Datum des Erscheinens von Kaspar Hauser in Nürnberg. Blau markiert Karl Königs Geburtstag, was eingezeichnet ist aber nicht von ihm benannt.

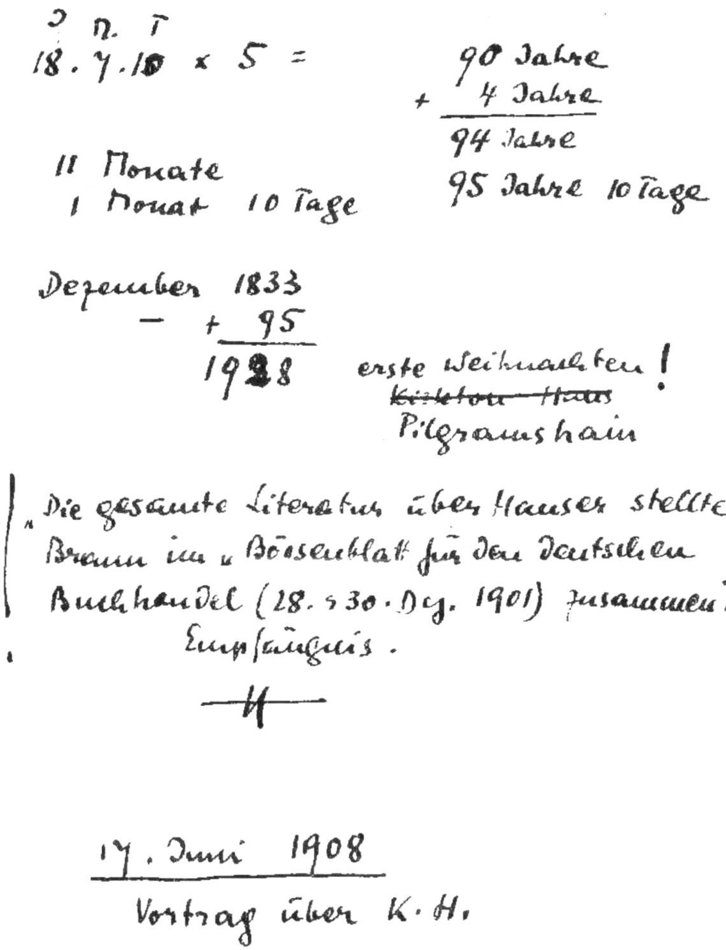

? n. T
18. 7. 10 × 5 =

90 Jahre
+ 4 Jahre
94 Jahre
95 Jahre 10 Tage

11 Monate
1 Monat 10 Tage

Dezember 1833
+ 95
1928 erste Weihnachten!
~~Kirkton House~~
Pilgramshain

„Die gesamte Literatur über Hauser stellte Braun im „Börsenblatt für den Deutschen Buchhandel (28. u. 30. Dez. 1901) zusammen."
Empfängnis.

17. Juni 1908
Vortrag über K. H.

Notizen Königs zum Horoskop.

stalten. Gleich in der ersten Nacht hatte König ein bildhaftes Erlebnis, das ihm die Bestätigung ihres Vorhabens zu geben schien:

> Die Südfenster von Kirkton House blickten weit hinaus ins schottische Hochland. Dort erhob sich ein sagenumwobener Berg der Bennachie. Er hatte einen zweigeteilten Gipfel von merkwürdiger Kontur. In der ersten Nacht nach der Ankunft in Kirkton House hatte ich einen seltsamen Traum. Ich sah ein großes Schiff, von dem ich wusste, dass es die Arche Noah war, auf dem Gipfel des Bennachie landen. Es ankerte zwischen den beiden Kuppen des Berges. Dann gingen die Türen am Schiffsrumpf auf, und eine große Schar von Menschen, Männern, Frauen und Kindern, Große und Kleine, Alte und Junge, strömten aus dem Bauch der Arche. Sie zogen in Scharen vom Gipfel talwärts und begannen, das Land zu bevölkern. Verwirrt und erstaunt wachte ich auf. War das ein Zeichen der Zukunft?[30]

Die Zeit der Arche Noah wurde in den Vorträgen Rudolf Steiners über Richard Wagner in eindrücklicher Weise beschrieben. Einmal in einem Vortrag, der in Nürnberg gehalten wurde – im Dezember 1907; Jakob Wassermann hat seinen Kaspar-Hauser-Roman gerade beendet:

> Das, was in Nachklängen erhalten ist bei den Völkern, die die Nachkommen der Atlantier sind, war in hohem Maße der Fall bei den Atlantiern: [...] Weisheit hörte der Mensch aus allen Dingen seiner Umgebung, denn diese Umgebung bewirkte, dass dieser alte Vorfahre Hellseher war. Er nahm nicht wahr, was sich im Raume ausdehnte, sondern Farberscheinungen. [...] Die Entwicklung bestand darin, dass die Nebel sich in Wasser niederschlugen, die Luft immer reiner wurde. Damit entwickelte der Mensch sich zum heutigen Bewusstseinszustande. [...] Der Traum ist der letzte Rest des damaligen Bewusstseins. [...] So sind alle die germanischen

Sagen und Mythen entstanden. Das sind zum großen Teil noch Sagen und Mythen, die entstanden sind bei den letzten Nachzüglern der Atlantier. So erinnerte sich der alte Germane der Zeit, da seine Vorfahren drüben im Westen saßen, wie sie nach Osten zogen in der Zeit, als die Nebel des atlantischen Nebellandes sich verdichteten und jene Fluten bildeten, die als Sintflut bekannt sind.[31]

Wieder Pfingsten

Zu Pfingsten 1939 konnte Kirkton Haus, der Vorläufer der Camphill-Gründung offiziell eingeweiht werden. Der Pfingstsonntag fiel in diesem Jahr auf den 28. Mai – den historischen Tag des Erscheinens von Kaspar Hauser in Nürnberg.

Ein Jahr später, Pfingsten 1940, unterbrach die Polizei die Feierlichkeiten, um den männlichen Mitarbeitern der Gemeinschaft mitzuteilen, dass sie ihre Koffer packen müssten – eine halbe Stunde später war die Abfahrt zu einem noch unbekannten Ort der Internierung.

Wiederum ein Jahr danach, Pfingsten, 31. Mai und 1. Juni 1941 – noch mitten im Krieg – gab es eine öffentliche Tagung im schottischen Camphill zu dem Thema «Was ist Kindheit?». Pfingsten war für König ein wichtiges Fest geworden. Am 1. Juni 1940 – kurz nach dem Abtransport der Männer – hatten die Frauen den Umzug nach Camphill zu bewerkstelligen gehabt und nun war schon eine wichtige Tagung zu gestalten: der Pfarrer Donald Perkins und Ernst und Maria Lehrs trugen vor. Karl König selber sprach über das Hineinwirken der Individualität als Lichtwesen aus dem Geistbereich in die Physis bei der Geburt und durch die Kindheit hindurch. Er schilderte dies anhand von Bildern aus seiner Beschäftigung mit der Embryologie: Das Gehirn ist die Plazenta dieses Lichtes, das in den Körper einzieht! Die Nerven sind die tausendfachen

Nabelschnüre. Seinen Notizien nach, die sich noch im Archiv befinden, erzählte er wohl auch, wie Georg Friedrich Daumer bei Kaspar Hauser diesen Prozess beobachtet, wie es aber von dem Grafen Stanhope absichtlich unterbunden wird. Anthroposophie wurde als das Werkzeug benannt, mit dem der Lichtprozess fortgesetzt werden kann. Dann wurde das Gedicht des englischen Romantikers Wordsworth zitiert: Mein Herz hüpft auf, / Seh' ich vor mir den Regenbogen steh'n: / So war's, als es mit mir begann ... Licht durchdringt die Dunkelheit und der Regenbogen erscheint. Soweit wir es nach den Notizen ersehen können, kulminierte dieser Abschlussvortrag Königs dann mit einer Darstellung über Kaspar Hausers Erscheinen in Nürnberg, 1828.

Noch bevor König – durch die Nachricht des Todes von Ita Wegman, am 11. März 1943 angeregt – sein «Requiem» schrieb, hielt er einen Vortrag über Kaspar Hauser, der die junge Mitarbeiterin Marianne Gorge, die uns davon berichtet, tief ergriff und ihren weiteren Lebensweg bestimmte. Königs eigene Ergriffenheit kommt in ihrer Schilderung deutlich zum Ausdruck:

> Er hatte den Vortrag auf Englisch begonnen, doch wechselte er schließlich, da er damals noch stärker in der deutschen Sprache lebte, was ihm erlaubte, die Tiefe seiner Verbindung zu dem «Kind Europas» besser zum Ausdruck zu bringen.[32]

Im Dezember 1943 – nachdem das Requiem schon geschrieben war – machte sich Karl König Gedanken über Mitteleuropa und notierte:

> Trojanischer Krieg – 1300 vor Christi
> Templer – 1300 nach Christi.
> Europa sollte ein «geistiges Israel» sein, das wurde durch Deutschlands Verrat am Geiste nur teilweise möglich.
> 1250: Flut der Gedanken (Templer etc!)

> 1322: Rotes Meer – Übergang
> Väter – Moses – Propheten
> Tauler – Jetzt.

Er zitiert Taulers Lied auf Englisch («Es ist ein Schiff geladen …») und schließt die Notizen folgendermaßen:

> Lasst uns Taulers Lied singen
> Denn wir tragen seine Kraft
> Auf der die Christus-Kraft
> Einherzieht.
> 7000 Jahre sind seit der Flut vergangen. Wir steigen zurück in die Atlantis, aber es ist eine «Nova Atlantis».
> Wie ich einstmals Noahs Arche auf dem Bennachie schaute, so ist es auch. Auch wir sind eine Archen-Gruppe.

Und am Fuß des Blattes steht:

> 14. Dezember 1943. 5 Jahre nach meiner Ankunft in Schottland.

In der Zeit von 1943 bis 1945 erlebte König für sich persönlich und in der Gemeinschaft die stärksten Prüfungen. Während dieser schwersten Zeit in Camphill, am Dreikönigstag 1945, stellt König in seinem Tagebuch fest:

> Wie schwer die Arbeit wird und wie hart. Dass ich immer daran denken muss, dass die Arbeit am 17. Dezember 1944 so lange bestanden hat (vom 28. Mai 1939 an), als Kaspar Hauser auf der Erde war.[33] Wie wir nun diese Zeit überlebt haben und dadurch weiterarbeiten dürfen. Dass wir dann während der Heiligen Nächte intensiv auf Hybernia hingewiesen wurden und dass dies wohl zu unserem Schicksal gehört.[34]

Durch kurze Notizen in Königs Tagebuch, aber auch durch Aufzeichnungen von Anke Weihs, wissen wir von dem ersten Versuch Königs, im September 1945, die inneren Ziele der Camphill-Gemeinschaft in einem «Memorandum» aufzuschreiben. Er erlebte es, als ob ihm diktiert werde. Zunächst zeigte er das Dokument dem Priester der Christengemeinschaft, Dr. Alfred Heidenreich, der zu der Zeit in Camphill weilte. Seine Betroffenheit beeindruckt König, der ihn in seinem Tagebuch genau zitiert: «Das ist die Ordensgründung für unsere Zeit!» Am Michaeliabend las er das Memorandum den Freunden vor und erbat von jedem Stellungnahme. Als alle sich einverstanden gezeigt hatten, machte König darauf aufmerksam, dass genau 6 Mondknoten seit der Ermordung Kaspar Hausers vergangen waren, und dass dies zutiefst mit ihrer Aufgabe zu tun hätte – die Kräfte zu erlösen, die sich Kaspar Hauser entgegenstellen. Deswegen – so König – musste die Camphill-Arbeit zunächst in Großbritannien beginnen, in der Heimat des Grafen Stanhope. Aber in diesem Zusammenhang erlebte er auch, dass die Feindseligkeiten, die seit 1928 gegen ihn aufgekommen waren, sich nun auch gegen Camphill als Ganzes richteten. In seinem Tagebuch hatte er schon am 21. September 1945 vermerkt:

> Hatte ein längeres Gespräch mit Dr. G. Er erzählt da, wie er die Feindschaft, die für Camphill vorhanden ist, in London erfahren hat und wie es wie Gift in ihn hineingetragen wurde. Er sprach sehr offen und auch sehr böse. Dabei konnte ich klar erleben, wie es die gleichen Stimmen sind, die einstmals schon sprachen und immer wieder sprechen: Lord Stanhope, Lehrer Meyer, Polizei-Leutnant Hickel u.s.w. Es sind Stimmen, die Kaspar Hauser anklagen und verleumden. Ich war sehr ergriffen von dieser Erkenntnis.

Drei Jahre später erlebte König diese Widerstände von «innen» wie von «außen». Auf einem Besuch in London bemerkt er:

> Es ist mir sehr arg zu sehen, wie viel Vorurteile und Entstellung über Camphill da lebt,

und fühlt sich bei seiner Rückkehr nach Schottland, beunruhigt durch die Überarbeitung und Krankheit der Mitarbeiter und durch die Arbeitslast, die auf ihn wartet, veranlasst zu schreiben:

> Soll man noch weitermachen? Das wird zur Frage.

Vom gleichen Abend aber finden wir folgenden Eintrag:

> Nachher lese ich den vierten Vortrag aus dem Zyklus über das Matthäus-Evangelium den Freunden vor. Spreche einiges über die Beziehung darin zur Heilpädagogik und die Legende von Abrahams Kindheit in der Höhle zur Kindheit des Kaspar Hauser.[35]

In der Weihnachtszeit 1946/47, erlebte Karl König, trotz des beginnenden Friedens nach den Dunkelheiten des Weltkrieges, vielfache Widerstände gegen sein Werk, aber auch Verfehlungen und Rückschläge innerhalb der schottischen Lebensgemeinschaft. Gerade auf diesem Hintergrund entstand die besondere Geistbegegnung mit Kaspar Hauser, die er in seiner Weihnachtsgeschichte beschrieb. Spätestens dann muss er etwas von der atlantischen Vergangenheit Hausers und von der Größe seiner Individualität zumindest geahnt haben. In dem Land des Lebens und der Wahrheit beschreibt König die Hütte, die Kaspar Hauser gewidmet wird. Es ist wiederum in Rudolf Steiners Ausführungen über Wagner und sein Werk ein Hinweis zu finden, der diese Hütte einordnet zwischen zwei anderen Stufen der Einweihung, die auch einen besonderen Bezug zum Hauser-Schicksal aufzeigen. Der Vortrag ist 1905 gehalten worden – in dem Jahr, da Jakob Wassermann seinen Kaspar-Hauser-Roman zu schreiben beginnt:

> Der Chela[36] hat zunächst drei Stufen zu überwinden. Die erste Stufe ist die des heimatlosen Menschen, wo der Mensch herausgerissen wird aus der physischen Welt. [...] Die zweite Stufe ist die, wo der Chela Hütten baut. Er findet eine neue Heimat. Die Jünger auf dem Berge haben diese Stufe erreicht. Sie sind jenseits von Raum und Zeit. [...] Die dritte Stufe ist die des Schwans. Ein Schwan ist derjenige Chela, der so weit gekommen ist, dass alle Dinge zu ihm sprechen. [...] Auf solch einem Grade war Jesus angelangt, als er Christus aufnehmen sollte. Dieser Grad wurde in der Weißen Loge bezeichnet als der Schwan. Schwäne waren die, die nicht mehr ihren Namen sagen durften, denen aber die ganze Welt ihre Namen offenbarte.[37]

Das genaue Datum dieser Ausführung Rudolf Steiners ist der 3. Dezember 1905. Wassermann notierte just an diesem Tag folgenden Eintrag in sein Tagebuch:

> Der gestrige Abend verdient einen roten Strich im Kalender. Schon lange quälte ich mich mit dem alten Stoffmaterial zur Trägheit des Herzens[38] herum [...] Und wie unter dem Feuer eines Blitzes riß ich mich los, urplötzlich vermählte sich in mir die Kaspar-Hauser-Vision mit der Trägheitsidee [...] die ganze Tragödie stand gewaltig da, und der Titel war mit leuchtenden Lettern an die Wand gemalt: Kaspar Hauser oder die Trägheit des Herzens.

Auch bei Wassermann kann man nicht umhin, das Hereinleuchten bildhafter Eindrücke – gerade in Zusammenhang mit Kaspar Hauser – anzuerkennen. An jenem 3. Dezember 1905, da Karl König gerade drei Jahre alt geworden war, hat Rudolf Steiner zwar nicht direkt Kaspar Hauser benannt, doch Elemente, die einen starken Anklang an das Geheimnis desjenigen aufweisen, dessen Namen er öffentlich nur das eine Mal in Nürnberg – in scheinbar beiläufiger Weise – nannte.

Wir wissen nur, dass Kaspar Hauser nicht der Name des heimatlosen Findlings war, der in der Schwanenkapelle zu Ansbach seine Konfirmation erhielt. Ein Jahr später drückte Rudolf Steiner sich so über Lohengrin aus:

> Er ist der Bote des Eingeweihten, symbolisch herangetragen durch den Schwan. Der Bote der großen Eingeweihten heißt «Schwan». Man darf weder nach seinem Ursprung noch nach seinem Namen fragen.[39]

Die Bildsprache der Geschichtsrhythmen ist bewegend: Wagner schrieb seinen Lohengrin im Geburtsjahr des späteren Königs, Ludwig II., der sich besonders intensiv mit den Schwanenrittern beschäftigte. Im 15. Lebensjahr sah er das erste Mal eine Lohengrin-Aufführung, war zutiefst erschüttert und vergoss heiße Tränen. Es war das Jahr 1861, Rudolf Steiners Geburtsjahr.[40] Zu Pfingsten 1886 starb Ludwig unter nicht geklärten Umständen. Vielleicht kann man sich an den bedeutenden Ansbacher Gerichtspräsidenten, Anselm Ritter von Feuerbach erinnert fühlen, der die Herkunft Kaspar Hausers kriminalistisch geklärt hatte; er starb zu Pfingsten 1833 – eine Woche nach der Taufe Hausers – auch unter ungeklärten Umständen.

Kinder Europas

Wenn Karl König von Kaspar Hauser als Bewahrer des Menschenbildes spricht, deutet dies bereits auf eine bestimmte Qualität; auf die Notwendigkeit eines neuen, eben lebendigen und bildhaften Verständnisses des Menschenwesens – auf die «grundlegende Herzenserkenntnis», wie er das später bezeichnet.[41] Dies bildete das Hauptthema des schon erwähnten Vortrages in Zeist,[42] wie wir Königs Vorbereitungsnotizen von 1948 entnehmen können:

> Auf Erden ist der Kampf entbrannt zwischen dem sich entwickelnden Darwinismus und dem Goetheanismus. In diese Situation hinein wird Kaspar Hauser gestellt als «Das Kind Europas», das «Bild des Menschen».

In dem Bericht der Tagung wird vermerkt, dass König sehr viele Bezüge zu den ägyptischen Mysterien gemacht hätte. Durch Kaspar Hauser sei die Rätselfrage der Sphinx für unsere Zeit erschienen: Was ist der Mensch?[43]

Im Jahre 1953 hielt Karl König Vorträge in verschiedenen Städten, denen er die Überschrift gab: «Die Kinder Europas. Die soziale Aufgabe der Heilpädagogik».[44] In seinen Vorbereitungsnotizen finden wir die Stufen, zu denen er beispielsweise im Frankfurter Vortrag hinführen wollte:

> 1.) Die Notwendigkeit in neuer Art dem
> Problem dieser Kinder zu begegnen
> wird sich nur erfüllen, wenn das Menschenbild
> neu gesehen wird.
> 2.) Die Kinder Europas, weil Europa seine
> Aufgabe nicht erfüllt hat.
> Am Abwegigen zeigen sich die Fehler,
> die wir getan und die Versäumnisse, die
> wir unterlassen haben.
> 3.) Das Kind Europas.
> Kaspar Hauser.
> Die Aufgabe der Heilpädagogik
> in unserer Zeit.

In diesem Vortrag vom 17. April 1953 beschrieb er, wie durch die verschiedenen pathologischen Zustände eine Dreigliederung des menschlichen Organismus nicht in rechter Weise entstehen kann. Dies verglich

Skizze von Heinrich Adam (1780 – 1862), Deutsches Nationalmuseum, Nürnberg.

er dann mit dem Scheitern der Dreigliederung im Sozialen, die eine Aufgabe Mitteleuropas gewesen wäre, die aber – vor allem am Ende des Ersten Weltkriegs – «versäumt» wurde.

In seinem Tagebuch finden wir einen besonderen Eintrag vom 17. Dezember 1953: König hatte sich aus einem vollen Arbeitstag etwas zurückgezogen, um zu studieren und merkt allmählich etwas wie eine leise Führung:

> Nehme die beiden Vorträge über Jeshu ben Pandira und lese sie sehr gewissenhaft durch. Komme im Laufe des Lesens darauf, dass ich es tue, weil heute Kaspar Hausers Sterbetag ist. Bin dann auch erstaunt, wie viel Heilpädagogisches und allgemein Pädagogisches in diesen Vorträgen enthalten ist. Das Rätsel des Maitraya Boddhisatva wird immer größer. [...] Abends bin ich dann in St. Luke's in Aberdeen und Carlo spricht über die Weihnachtstagung. [...] Sage dann noch am Schluss Einiges im andeutenden Hinweis auf die «Neue Isis-Legende». Wer ist der Spross?

In den Jahren 1954 und 1955 war König selbst der Todesschwelle nahe. Er zieht sich aus dem äußeren Leben des Kinderdorfes etwas zurück, hielt 1954 kaum Vorträge und konzentrierte sich auf das Schreiben. Gerade in diesen Jahren fühlte er um die Zeit von Hausers Erdolchung und Tod seine Nähe:

Montag 13. Dezember 1954

> Und am Morgen weiß ich mit großer Bestimmtheit, dass es richtig war, dass ich als Jude geboren wurde, nur habe ich bisher vergeblich den Sinn dafür gesucht. [...] So wird mir auch mein Leben jetzt sinnvoll gegliedert.
> In Österreich war ich ein Jude.
> Zwischenspiel in der Schweiz. [Und ein beginnendes Exil von der

Anthroposophischen Gesellschaft – RS]
In Deutschland war ich ein Österreicher.
Zwischenspiel in Wien. [Nach der ersten Flucht – RS]
In Schottland war ich ein Deutscher.
So müsste jetzt wieder ein Zwischenspiel kommen, vielleicht mehr innerlich. Ist es die Krankheit, die mich noch immer in ihrem Bann hält?

Dienstag 14. Dezember 1954

Dann aber bin ich wieder müde und matt und das Herz mahnt unentwegt. So lese ich eine Novelle von Werfel «Eine blassblaue Damenhandschrift»,[45] die mich sehr berührt. [...] Spät am Abend wird mir etwas offenbar, was eine große Wahrheit ist und ich weiß nicht, ob Werfel es wusste, als er diese Geschichte schrieb: Wir alle spielen hier auf Erden eine Rolle im Drama der geschichtlichen Existenz; diese Rolle verhält sich zu unserem Selbst, wie das niedere Ich zum höheren Ich. Das niedere Ich ist die Rolle und gleichzeitig sehen wir als Regisseur wie wir spielen und können uns dauernd beobachten und beurteilen.

Freitag 17. Dezember 1954

Morgens beim Erwachen kommt ein sehr böser Herzanfall, der mich recht geschwächt zurücklässt.
Zu Mittag eine Art Kollaps, mit sehr arger Müdigkeit, Übelkeit und Malaise. Es ist, als würden aus der Magen- und Darmgegend dauernd Vergiftungsstoffe aufsteigen, die mich lähmen und alles Denken und Wollen verunmöglichen. Das währt für Stunden und kommt am Abend in gesteigerter Art wieder, so dass ich mich am Abgrund fühle. Dabei weiß ich, dass heute der 17. Dezember ist, der Todestag Kaspar Hausers und dass das alles wohl damit zusammenhängen mag.

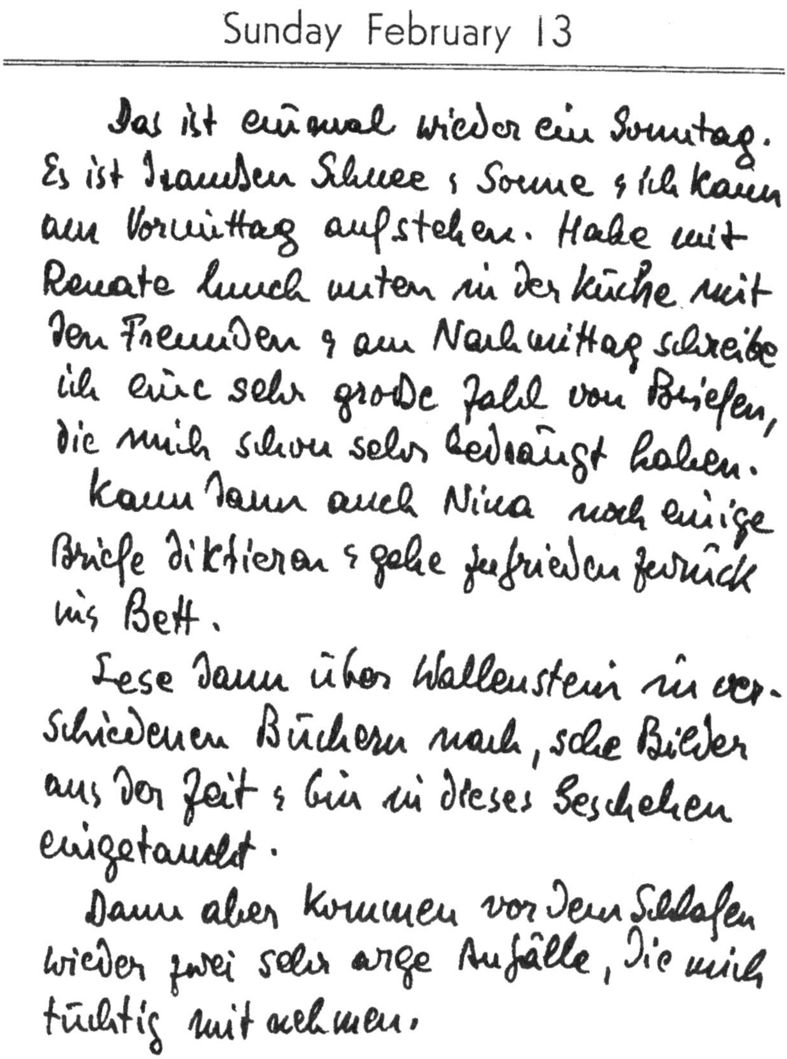

Sunday February 13

Das ist einmal wieder ein Sonntag. Es ist draußen Schnee & Sonne & ich kann am Vormittag aufstehen. Habe mit Renate lunch unten in der Küche mit den Freunden & am Nachmittag schreibe ich eine sehr große Zahl von Briefen, die mich schon sehr bedrängt haben.

Kann dann auch Nina noch einige Briefe diktieren & gehe zufrieden zurück ins Bett.

Lese dann über Wallenstein in verschiedenen Büchern nach, sehe Bilder aus der Zeit & bin in dieses Geschehen eingetaucht.

Dann aber kommen vor dem Schlafen wieder zwei sehr arge Anfälle, die mich tüchtig mitnehmen.

Aus dem Tagebuch Karl Königs, 1955.

Monday February 14

Die Nacht aber war ruhig u. still. Am Vormittag kommt wieder Dr. Lees u. die alte Wunde bricht mit starker Kraft wieder auf. So arg, daß ich mich, trotz Mühe, den ganzen Tag nicht davon befreien kann. Bin sehr bedrückt u. mißgestimmt.

Bemühe mich, alles Mögliche für die Arbeit, die jetzt bevorsteht (ein Aufsatz über das „Sprechen") nachzulesen; aber es kommt kein Feuer; es wird nicht einmal warm. So lasse ich alles wieder liegen u. gehe abends ins Bett. Lese dann in Walter Tritsch's Buch über Wallenstein die letzten Kapitel über Verrat u. Tod u. bin tief ergriffen von der Gemeinheit u. Niedertracht, mit der sich alles abgespielt hat. Die Namen klingen sehr bekannt; Leslie u. Gordon, Butler usw. Es ist Schottland u. Irland das hier die Hand leiht, wie 200 Jahre später Stanhope der Engländer die Hand geliehen hat. Mitteleuropa darf nicht spiritualisiert werden! Das wollen sie durchsetzen.

Und ein Jahr später:
Donnerstag 15. Dezember 1955

> Die Nacht war nicht gut; ich hatte einen richtigen Herz-Anfall, wie schon lange nicht mehr und bin sehr müde, als ich aufstehe. Dabei habe ich ein schlechtes Gewissen, weil ich begonnen habe, in den letzten Tagen wieder in die Camphill-Führung einzugreifen und dabei meine eigentliche Arbeit, das Schreiben, zu vernachlässigen.

Sonnabend 17. Dezember 1955

> Kann nur wenig tun, weil die Müdigkeit und die Bedrückung groß ist. Gehe früh am Abend ins Bett und lese noch einen Vortrag Rudolf Steiners über Nietzsche, weil wieder der Wunsch sehr vorlaut wird, etwas über Freud, zu seinem kommenden 100. Geburtstag zu schreiben.
> Zum Abschluss des Tages lese ich noch in Wassermanns Buch die Geschichte von Kaspar Hausers letzten Tagen. Ist es mir deshalb so elend, weil es sein Todestag ist?

Im Januar 1957 trifft sich die «Movement Council» und viele Probleme und Fragen müssen gelöst und Entscheidungen getroffen werden. Zwischenmenschlich ist es nicht einfach und König muss deutliche Kritik von maßgeblichen Mitarbeitern hinnehmen. Am 18. Januar schreibt er in sein Tagebuch:

> Bleibe den Tag über im Bett, um mich auszuruhen. Lese mit großer Anteilnahme in einem Manuskript über Kaspar Hauser, das mir Dr. Heyer zugeschickt hat. Alles, was darüber in früheren Zeiten in mir erwachsen ist, steht nun wieder auf und bindet mich in innigster Art an dieses Wesen.

Von Ansbach zur dreigliedrigen Camphill-Halle[46]

1961, kurz vor der Abreise nach Deutschland, hielt König eine Reihe von drei Vorträgen im schottischen Newton Dee über das Gedächtnis. Nach seiner Rückkehr kamen sieben weitere Vorträge über das Gewissen hinzu. Diese ihm bedeutsame Reise wurde also von Ausführungen eingerahmt, die eine bemerkenswerte Einheit – aber auch einen inneren Zusammenhang mit der Reise selbst – erkennen lassen. Anlässlich einer Vortragsreihe in Nürnberg, wo er am 7. November 1961 – also 33 Jahre nach 1928 – über Gedächtnis und Gewissen sprach,[47] konnte König nämlich seinen ersten Besuch in Ansbach machen. Am Grabe Hausers zu stehen, seinen Schritten durch den Ort nachzugehen, beeindruckte ihn so sehr, dass er sich veranlasst fühlte, für *The Cresset* – die Zeitschrift der Camphill Bewegung – gleich einen ausführlichen Aufsatz zu schreiben, der in der Weihnachtsausgabe abgedruckt wurde. Darin werden wir von Karl König durch die Straßen Ansbachs und durch das kleine Heimatmuseum geführt:

> Wir gehen von Bild zu Bild, von Schaukasten zu Schaukasten und allmählich füllt sich unsere Seele mit dem Wesen Kaspar Hausers [...] Wir verlassen den Raum, laufen die Treppe herunter[48] und draußen geht die Sonne mit wunderbarem Glanz unter. Farben durchfluten die Straßen und tauchen Häuser und Kirche in ihr Licht. Es ist, als ob die Himmelsfarben das Wunder von Kaspar Hauser zum Ausdruck bringen wollten.

Gerade diese persönlich erlebten und bildhaft beschriebenen Eindrücke im Nachvollziehen der Wege Kaspar Hausers sind leider den Kürzungen zum Opfer gefallen, als dieser Aufsatz für die Zeitschrift der deutschen Camphill-Elternschaft übersetzt wurde, sind aber für die Werkausgabe wieder hinzugefügt worden.[49]

Kaspar wurde am Sonntag vor Pfingsten 1833 in der dortigen Schwanenkapelle konfirmiert; den Schritt aus der Allgemeinheit des kindlichen Erlebens zur individuellen Bekenntnis feiernd. Im gleichen Jahr – drei Monate nach seinem 21. Geburtstag – wurde er ermordet. Er ist auf dem Wege zur Individuation und zur Entdeckung seines Schicksals.

Mit solchen Eindrücken aus Ansbach und Nürnberg erfüllt, begann König mit Aufzeichnungen zur Vorbereitung der ihm so wichtigen ersten Konferenz über die Arbeit mit erwachsenen Seelenpflege-bedürftigen Menschen in den «Dorfgemeinschaften», die im Januar 1962 beginnen sollte. Mit der Überschrift: «Zu dem Kursus über die Dorfarbeit» schrieb er in der Zeit einige Sätze in seinem Notizbuch:

> In ihnen, unseren «Villagers» ist es so, dass sie nicht ganz zum Erfassen ihrer Individualität kommen. [...] Das Allgemeine hat in ihnen mehr Kraft, als das Individuelle. Deshalb tritt uns in ihnen etwas Größeres, Mächtigeres, oft Verehrungswürdiges entgegen, das wir im gesunden, individuellen Menschen, so oft vermissen.

Unmittelbar vor der «Dorfkonferenz» hielt Karl König aber zunächst jene sieben Weihnachtsvorträge über das Gewissen. Sie schlossen direkt an diejenigen über das Gedächtnis an. Leider besteht keine Nachschrift dieser beiden Vortragsreihen, doch sind Königs ausführliche Vorbereitungsnotizen erhalten geblieben. Aus ihnen geht hervor, dass er über die Metamorphose des Gedächtnisses und das am Ende der Atlantis sich bildende Gedächtnis gesprochen hat:

> ... und nur Menschen, die ein Erinnerungsvermögen haben, können mit einem Namen, der einem Ding beigelegt ist, etwas anfangen. Die atlantische Zeit ist daher auch diejenige, in welcher die Sprache ihre Entwicklung fand.

Christian Rosenkreutz und Buddha bezeichnete er als große Diener des Christus Jesus, durch die ein Geistgedächtnis noch in den Menschenseelen wirke. Die heutige Aufgabe des Buddha-Wesens wurde beschrieben, die darin besteht, die «Mars-Kräfte» durch den «Merkur-Impuls» des Friedens und der Liebe zu heilen. Am Ende der Notizen steht:

> Was heute als lebendige Anwälte dieser Buddha-Tat unter uns lebt, sind die mongoloiden Kinder.[50]
> Atlantier
> ! Kaspar Hauser!

Und gegen Ende der Notizen über die Frage des menschlichen Gewissens steht unter einer Zeichnung eines Rosenkreuzes, die beiden Themen – im Herbst das Gedächtnis, im Winter das Gewissen – miteinander verbindend:

> Was einmal Schauen der Erinnerung war, das ist nun in das Blut des Menschen, den Willens-Träger heruntergesunken und steigt als Gewissensstimme im Menschen-Innern herauf.

Der letzte Abschnitt dieser Notizen sei in Gänze angeführt:

> Der Christus ist im Ätherreich der Erde erschienen. Das neue Gewissen soll ihn erschauen. Was 1933 begonnen hat, es soll sich jetzt fortsetzen und weiterbilden.
> Wie wir im vorigen Jahr nach Liebe und Mitleid für unsere Herzen gebeten haben, so mögen wir in diesem Jahr nach der Allgegenwart des Gewissens in uns bitten. Damit es uns dauernd mahnt, führt und tröstet und die Würde unseres Menschseins bewahrt. Dafür möge auch unsere werdende Halle, das Haus des Gewissens, vollendet werden.

Als die Halle fertig ist und die Feierlichkeiten im September 1962, um Königs 60. Geburtstag herum begangen werden konnten, nannte er verschiedene Namen: Es sollte die Halle des Gedächtnis und des Gewissens werden; die Individualität Iphigenie war in dem Zusammenhang von ihm schon genannt worden und die Mitarbeiter führten das Goethesche Drama auf. Doch bei der offiziellen Einweihung, mit vielen geladenen Gästen aus der Umgebung und Ämtern, sprach König von Kaspar Hauser! Er nimmt Bezug darauf, dass die Halle zu einem bestimmten Zeitpunkt Realität geworden war – zum 150. Geburtstag Kaspar Hausers. Die Kinder in den Camphill-Schulen nennt er dabei Kinder Kaspar Hausers.

Und wie von dem Einzug des Kaspar-Hauser-Wesens in die erste Camphill-Halle – deren dreigliedrige Gestalt Karl König an einem Dreikönigstag erlebt hatte[51] – inspiriert, beginnt König sich immer mehr nach dem äußeren Mitteleuropa zu orientieren.

Eine Wesensverwandtschaft kommt immer wieder zum Vorschein

Am 16. Dezember – am Vorabend von Kaspar Hausers Todestag – des Jahres 1962 erlebte König wieder etwas von der besonderen Eigenschaft der Halle:

> Am frühen Vormittag halte ich in der Halle eine Opferfeier. Es ist ein großes Erlebnis, die Tragfähigkeit der Stimme zu erfahren. Mir ist, als würde das Wort Flügel bekommen und im Seelen-Raum der Sprache sich frei bewegen.

Und am 17. Dezember kam es zum Bewusstsein:

> Nun beginnt die letzte Woche vor Weihnachten, und heute ist auch Kaspar Hausers Todestag.

In dieser Woche war Schulfest in Camphill und er hatte die Aufgabe, eine Ansprache für die Kinder zu halten. Am Abend vorher las er viele kurze Geschichten und war beeindruckt von ihrer Schlichtheit und einfachen Bildhaftigkeit. Vielleicht kam ihm auch ein Anklang an sein Adventserlebnis von 1927 und an die Aufhellung der Dunkelheit des Adventsgärtleins mit den Kerzen, als er am nächsten Tag vor den Kindern stand und selber zu einem einfachen aber starken Bild kam:

> 21. Dezember 1962: Es ist wunderbar, die Kinder zu sehen und zu bemerken, wie viele davon doch sehr schwer erkrankt und gestört sind, aber dennoch gute Leistungen zeigen. Ich erzähle ihnen von den Weihnachtsgeschichten der Welt und von dem großen Weihnachtsbaum im Himmel, dessen Kerzen aus dem Leid und der Not der Menschen gegossen werden.

Im Dezember 1963 befinden sich verschiedene Einträge im Tagebuch über die schicksalhafte Beziehung zwischen den beiden Ärzten Karl König und Georg von Arnim, der sich gerade entschließt, Erika Sautter beim Aufbau der Camphill-Arbeit am Bodensee zu unterstützen.[52] Er behandelte Karl König in Aberdeen und wird ihn dann als Arzt die letzten Tage seines Lebensweges am Bodensee begleiten. Von Arnim – gemeinsam mit dem späteren Kollegen am Bodensee und König-Biographen Hans Müller-Wiedemann – wird es sein, der Königs Bezug zu Kaspar Hauser stark aufgreift und den Versammlungsraum der Föhrenbühler Schule als «Kaspar Hauser Saal» benennt. Am 14. Dezember – dem Tag, an dem Kaspar Hauser 1833 in Ansbach tödlich verwundet wurde – schreibt König:

> Die zwei täglichen Besuche von Dr. von Arnim gefallen uns. Es ist ein seltsames Verhältnis von Arzt und Patient, aber auch Schüler und Lehrer, das sich da zu entwickeln beginnt. Etwas Besonderes an Schicksal entsteht.

Und am Todestag Hausers, dem 17. Dezember:

> Immer wieder tritt eine plötzliche Schwäche auf und ich bin oft von Todesgedanken erfüllt. Dabei empfinde ich, dass nicht mehr viel dafür zu ordnen ist.

Wie im Einklang mit dem letzten Gang Hausers im Ansbacher Schlosspark, oder gar mit seinem eigenen Gang in der «Weihnachtsgeschichte», bevor das Land «des Lebens und der Wahrheit» plötzlich im Grünen und Sprießen erlebt werden, fügt er hinzu: «Es ist kalt geworden und hat fest zu schneien begonnen. Winter ist da.» Und wieder empfindet man sich an der Grenze zwischen innerer und äußerer Landschaft. Bei Wassermann hieß es, nachdem der Dolch Kaspars Herzbeutel durchstoßen hatte:

> Er kroch nun an allen Vieren ein wenig am Gebüsch entlang und senkte den Kopf herunter, um sein Gesicht vor dem nassen Schneestaub zu schützen, den ihm der Wind entgegenspritzte [...] ihm schien als rieselte etwas im Inneren seines Leibes.

König, noch vor dem argen Herzanfall am 19. Dezember, schreibt in sein Tagebuch:

> Immer wieder spielen Todesmelodien auf der Seelenleier.

Das Bild spricht

Dass Karl König beim Vortragen Bilderlebnisse in seinen Zuhörern unmittelbar anregen konnte, wird oft berichtet. Marianne Gorge erinnert sich an den schon erwähnten Vortrag, den er in Schottland, im Februar 1943, über Kaspar Hauser gehalten hat:

> Als er die Ereignisse schilderte, die Kaspars Ermordung vorausgingen, wurden seine Beschreibungen so lebendig, dass ich die fallenden Schneeflocken und die schneebedeckten Bäume im Ansbacher Park vor mir sehen konnte – ich konnte die Dunkelheit und die Kälte dieses Wintertages spüren, an jenem Tag, wo die Dunkelheit so früh eintrat.[53]

Auf seiner letzten Reise nach Schottland, Dezember 1965 bis Februar 1966, hat König unter anderem auch eine Fortbildungstagung für Lehrer über Mathematik mitzugestalten. Im Ringen um den Inhalt, erscheinen ihm Tierbilder und er empfindet unmittelbar die Notwendigkeit, über die Zahlen in Verbindung mit dem Tierkreis zu sprechen. Doch ist ihm dieser Zugang zu dem Thema neu und erst nach Beginn der Vortragsreihe wird ihm die Vorgehensweise bildhaft bestätigt:

> 11. Februar 1966: Abends mühe ich mich weiter ab und der Vorhang beginnt sich zu öffnen. Die Tiergestalten öffnen ihren Mund und sprechen ihre Zahlen aus.
> 12. Februar: Am Morgen stehen dann die notwendigen Einsichten vor mir; nicht, dass ich schon viel damit anfangen kann. Aber sie erscheinen richtig zu sein und ich kann sie weitergeben.

Von seiner letzten Begegnung mit der Camphill-Halle erfahren wir aus dem Tagebuch 1966:

> Abends ist dann Gemeinschaftszusammenkunft. [...] Es kommt auch noch zu einem Gespräch über den Bibelabend. Die Halle hört still zu.

Und in einem Brief an Frieda Margarete Reuschle schrieb er am 4. Januar:

> Die Neujahrsfeier war wie immer ein sehr besonderes Ereignis und die Halle hilft, jeden spirituellen Versuch ein Stück höher zu heben und gleichzeitig zu vertiefen. Es ist wunderbar, diesen Raum immer stärker kennenzulernen.

Im darauffolgenden Absatz schreibt er von der großen Katastrophe in der Camphill-Stätte in Südafrika. Zwei Betreute waren bei einem plötzlichen Wettereinbruch auf einer Wanderung verstorben und ein dritter wurde nie gefunden:

> Es war für die Freunde ein tief erschütterndes Ereignis, weil es sich in der Nacht vom 16. zum 17. Dezember abgespielt hat, vier mal 33 Jahre nach dem Hingang Kaspar Hausers.

Am 29. Dezember, als Auftakt zu Königs erstem Vortrag von insgesamt vier, die er in den Heiligen Nächten in der Camphill-Halle hielt – es war auch sein letztes Weihnachtsfest –, hatte Alix Roth dieses Geschehens in der Nacht zum Todestag Kaspar Hausers gedacht und an die Weihnachtsgeschichte erinnert, in der die verstorbenen Kinder den «Bund» vorbereiten. Anschließend sprach König über «Leib, Seele und Geist im Lichte von Reinkarnation und Karma».

Mitteleuropa – die Landschaft Kaspar Hausers

Im Februar 1966 findet ein letztes Treffen des «Vertreterkreises» der mitteleuropäischen Camphill-Region in Königs Beisein statt – einer der regionalen Kreise, die er geschaffen hatte, um seine Führungsposition in der Camphill-Bewegung rechtzeitig aufzulösen und auf Gruppen aufzuteilen. Wie zum Abschied des Gründers, der genau einen Monat später – am 27. März 1966 – sterben wird, kommt ein besonderes

Gespräch zustande, über das Karl König am 28. Februar in seinem Tagebuch notierte:

> Abends sind wir in Bruckfelden zu einem Abschlussgespräch. Das wird zu einem besonderen Ereignis, weil wir da die Sphäre berühren, in welcher der ätherische Christus erscheint [...] und ich erkenne, dass dieses Land aus dem Wirken Rudolf Steiners uns Menschen ahnbar geworden ist.

Es ist wohl das gleiche «Land», das König mit seiner Weihnachtsgeschichte imaginativ betrat, wo er Kaspar Hauser begegnete und gewahr wurde, dass dieses Wesen ihm doch immer «herzensnah» gewesen ist – das Land der Wahrheit und des Lebens. Er hatte in vielen Vorträgen seine Freunde darauf hingewiesen, dass man sich auf dieses Land vorbereiten müsse; hatte intensiv auf die Eurythmie und auf den *Anthroposophischen Seelenkalender* als dazu geeignete Übungswege hingewiesen.[54] Und nun wurde ihm in diesem Abschiedsgespräch zum Erlebnis, dass dieses Land im Zwischenmenschlichen erahnbar werden kann.

Als ob er nochmal diese Landschaft der neuen Nibelungen umkreisen muss, führt ihn seine letzte Vortragsreise nach Pforzheim und Karlsruhe, und von dort nach Freiburg, wo er den zweiten Teil seines Ärztekurses über Embryologie hielt.[55] Danach fand der letzte Besuch in Arlesheim und Dornach statt und wichtige Gespräche mit Ärztekollegen der «Medizinischen Sektion» und mit dem Vorstand der Anthropsophischen Gesellschaft können noch vor dem Erdenabschied geschehen.

Am 11. März 1938 hatte sich König mit der Jugendgruppe in Wien auf eine Wartezeit einzustellen, bis sich zeigen konnte, wo die werdende Gemeinschaft einen irdischen Ort der Verwirklichung finden möge: An jenem letzten 11. März seines Lebens befand er sich auf der Reise nach Freiburg und schrieb in sein Tagebuch:

> Beginne, mich auf den Kursus vorzubereiten. Aber der Kopf ist stumpf nach den vielen Vorträgen und ich muss altes Material zusammenholen, um die Gedanken zu beleben. [...] Aber viel regt sich noch nicht und ich muss warten, was sich ergeben will.

Vom Morgen des 12. März aber, ist das Folgende zu lesen:

> Wache früh am Morgen auf und denke weiter und mühe mich ab, um dem Geheimnis der Keimblätter auf die Spur zu kommen. Und dann wird es ansichtig: Es sind die vier Tiere. [...] Mit diesem Bild eröffnen sich viele neue Einblicke in das, was hier vorliegt.

Gleich im ersten Freiburger Vortrag beschrieb König das Werden der embryologischen Wissenschaft von den Mysterien in Ephesus bis zu dem Buch des Wiener Forschers von Baer,[56] das er als Standardwerk aller kommenden Embryologie bezeichnete – aus dem Jahre 1828, dem Erscheinungsjahr Kaspar Hausers in Nürnberg. An jenem Tage aber erwähnte König Kaspar Hauser nicht.

Herzensanliegen und Zukunftsbilder

Jakob Wassermann empfand das Fortleben Kaspar Hausers in der Landschaft der gemeinsamen Heimat. Er beschloss bereits in seinem 17. Lebensjahr, den Roman zu schreiben; dass war 1889, das Jahr in dem er für kurze Zeit nach Wien zog – die Heimat Königs, aber auch Rudolf Steiners, der genau in jenem Jahr seine erste Deutschlandreise unternahm. König fühlte sich Wassermann innerlich verwandt, was seinem Tagebuch mit Eintrag vom 1. März 1943, während einer gesundheitlich und seelisch schweren Zeit, entnommen werden kann. Am Tag zuvor hieß es: «Fühle mich sehr elend [...] auch sehr verzweifelt über die immer wiederkehrende

Schwäche und Müdigkeit.» Dann, am Nachmittag des 1. März, schrieb er aber:

> Recht deprimiert. Dann bin ich ganz an das Leben Jakob Wassermanns hingegeben, der mir immer mehr von Kaspar Hauser überschattet erscheint. Fühle mich sehr diesem Schicksal verbunden. Finde viel Einzelheiten darüber.

Unter anderem beschäftigte er sich mit dem Horoskop Wassermanns und unter den verschiedenen Berechnungen gibt es ein Todeshoroskop, mit der Notiz versehen:

> Jakob Wassermann, gest. 1.1.1934, 6 a.m. – 100 Jahre nach Kaspar Hausers Tod. Auch hier standen Sonne und Mond einander gegenüber.

Vielleicht war König nicht nur von Kaspar Hauser «überschattet», sondern spürte seine Begleitung, als er die Überschattung durch den Tod Ita Wegmans erahnt, die sich drei Tage später ereignet.

Die Signatur der Biographie Karl Königs hat innigst mit dem Wesen des Herzens zu tun. Und obwohl es medizinisch gesehen das Herz ist, das von 1954 an immer wieder ein Hindernis zu sein scheint und schließlich die Todesursache wird, sind es stets Impulse gegen eine Trägheit des Herzens, die für sich selbst, seine Mitmenschen und seine Zeit immer wieder neu von ihm ausgehen. Trotz seines ungeheueren Geschichtsbewusstseins war er stets zukunftsorientiert und sah eine große Menschheitsaufgabe in der anthroposophischen Heilpädagogik, worüber er gerade in den letzten – mitteleuropäischen – Lebensjahren in immer eindrucksvollerer Weise sprach und schrieb, so in seinem Aufsatz von 1965 über «Sinn und Wert der heilpädagogischen Arbeit».[57] Dort wird beschrieben, wie die wahre Menschenbegegnung aus der «heilpädagogischen Haltung» heraus im ganzen sozialen Leben wirksam werden kann und muss; gerade dieser Absatz endet aber mit der Feststellung:

> Allerdings wird das nur dann wirksam sein können, wenn eine grundlegende Herzenserkenntnis dabei berücksichtigt wird.[58]

Immer mehr wird die Herzensaufgabe deutlich, die den Ausgangspunkt für König und seine Jugendgruppe gebildet hatte, als sie beim Einmarsch der Nationalsozialisten in Wien – gewissermaßen als Abschied, aber zugleich als Zukunftsperspektive – die Ansprache Rudolf Steiners lasen, bei der in den letzten zehn Sätzen zehnmal das Wort Herz vorkommt: die Jugendbegeisterung, aber auch die Willensaufgabe ansprechend. Die Ansprache endet mit der Aussage:

> Nehmen Sie das, was ich in Worten auszusprechen versuchte, so hin, als ob ich vor allem etwas in Ihre Herzen hätte dringen lassen wollen, was in Worten nicht ausgesprochen werden kann. Wenn sich die Herzen nur ein bisschen zusammengefunden haben mit dem, was hier als lebendiger Geist gemeint ist, dann ist, wenigstens zu einem Teile, erfüllt, was wir erreichen wollten [...] Die Hauptsache wird sein, dass wir uns gefunden haben in unseren Herzen. Dann wird auch einfließen das Geistige, das Michaelhafte in unsere Herzen.[59]

Gerade mit dem Herzen und dem Herzensanliegen war Karl König dem an Michaeli geborenen Kaspar nahe. Mit den Betreuten, wie überhaupt mit der Gemeinschaftsbildung, sollte nicht nur an altes angeknüpft, sondern eine Zukunft vorbereitet werden, die von Rudolf Steiner als die sechste Kulturepoche, aber auch als sechste planetarische Stufe der Erde beschrieben wird. Diese Erweiterung des tiefer verstandenen heilpädagogischen Impulses begann für Karl König deutlich mit der Entwicklung der Camphill-Dorfgemeinschaften, wo ein «soziales

Experiment» im kleinen und bescheidenen Rahmen versucht werden sollte. So spielte dieses Motiv eine große Rolle für Karl König, als die Arbeit Camphills in Mitteleuropa beginnen konnte. Ein besonderes Zeugnis dieser Hoffnungen entstand daher, als König die erste mitteleuropäische Dorfgemeinschaft an seinem letzten Erdengeburtstag – 25. September 1965 – eröffnen darf. Sieben Jahre vorher war der Beginn mit Kindern in Brachenreuthe am Bodensee, nahe dem Schloss der Badener Markgrafen, und nun beginnt die Arbeit mit Erwachsenen, auf dem höchsten Berg des nördlichen Bodenseeufers, am Lehenhof. Königs Worte sind weitreichend, schließen innerlich an den Text der Jugendansprache Rudolf Steiners an, die König am 11. März 1938 in Wien mit seiner Jugendgruppe gelesen hatte. Gleichzeitig kann aber nun, auf dem Hintergrund der eingangs zitierten Malsch-Ansprache Rudolf Steiners, ein tiefer Zusammenhang mit der Frage von Herkunft, Wesen und Aufgabe Kaspar Hausers erahnt werden:

> All die, welche die großen Forscher und Entdecker waren, sahen verachtungsvoll herunter auf dieses kleine Häuflein [...] Und dieses kleine Häuflein war es, welches dann die Möglichkeit lieferte, dass die nachatlantischen Kulturen begründet worden sind.[60]

König schließt in jener vermächtnishaften Lehenhof-Ansprache an den stillen Strom in der Menschheitsgeschichte an, der immer wieder die zivilisatorische Entwicklung, gerade auch Mitteleuropas impulsiert hat. Am Bodensee waren es die iro-schottischen Mönche, die Kultur und Landschaft geprägt und durch ihre Klostergründungen eine europaweite Ausstrahlung bewirkt hatten. Die Ansprache Karl Königs endet mit den Worten:

> In kommenden Zeiten wird man auf unser Jahrhundert zurückschauen und sagen, das sind die Menschen, die allmählich lernen mussten, dass die Außenseiter diejenigen sind, die uns wieder zurückzuführen begonnen haben zum Pfad der Redlichkeit. Denn

> es ist ja so, dass die, die wir als die Letzten betrachten, im Grunde genommen diejenigen sind, die die Ersten sein werden. Die sind es, aus deren Opfer wir leben, und wenn solche Dörfer entstehen, dann sind sie Zeichen wiedererwachender Menschlichkeit. Liebe Freunde, das ist das Einzige, was wir wollen. [...] Und wenn Sie, verehrte Anwesende, uns nun auch mit dieser Arbeit in Ihren Herzen aufnehmen [...] dann haben wir viel erreicht. Lassen Sie uns hoffen, dass das allmählich Wirklichkeit werden wird. Nämlich, dass das Gute hier an dieser Stelle im Namen Christi wirksam werden kann. Das ist es, was ich heute noch gerne an diesem wunderschönen Tag Ihnen sagen kann.

«Erfülle deiner Arbeit Ziele / Mit meinem Geisteslichte / Zu opfern dich durch mich»

So spricht das «Weltenwort» zum Menschen in dem Wochenspruch des Seelenkalenders für die Woche in die die Erdolchung Kaspar Hausers fällt. Das Leben Kaspars ist ein Opfergang für höhere Ziele. Sollte der ihm gegebene Name nicht an den König Kaspar erinnern, der jüngste König – manchmal auch schwarz dargestellt – der die Myrrhe trägt? Die bittere Myrrhe war die Substanz, die die Auferstehung des Höheren aus dem Tod des Niederen begünstigen sollte. Kaspar Hauser war der Königssohn der bitteren Erfahrung, aber zugleich der König der Kindheitskraft und der Zukunft. Das Bild, das in der christlichen Mystik zu einem Meditationsbild dieses Prozesses geworden ist, ist das Rosenkreuz.

Dieses Realbild war König sehr nah und die Gemeinschaftsbildung, die er mit Camphill gemeint hat, wurde von ihm stets in diesem Sinne verstanden – ein Dienst für ein höheres Ziel der Menschheit. Kann es überraschen, dass er, als er 1940 die Bilder zu den Wochensprüchen des *Anthroposophischen Seelenkalenders* in der Gefangenschaft – gewissermaßen im doppelten Exil – malte, für die Woche, in die sein eigener Geburtstag fällt, das Symbol des Rosenkreuzes mit wählte?[61] Es ist die Vor-Michaeli-Woche: «Zum Schlafe drängt natürlich Wesen / Der Seele Tiefen sollen wachen.» Vielleicht darf das Wort in diesem Zusammenhang erweitert werden: «Zur Trägheit des Herzens drängt natürlich Wesen!»

Die intensive Beschäftigung mit diesen Sprüchen, die er als Hilfe auf dem christlichen Entwicklungswege erlebte und als solche auch einem immer größer werdenden Kreise von Menschen versuchte zugänglich zu machen, führte Karl König besonders tief in die Welt seines imaginativen Erlebens. An einer in gewisser Weise als Höhepunkt des Kalenders zu bezeichnenden Stelle, wo die «Geistbegegnung» stattfindet, gestaltete er ein besonders rätselhaftes Bild. Es ist Johanni: Der Übende kann sich «überleuchtet» fühlen von seinem höheren Wesen, das der Mensch sich im Hochsommer aufmachen kann, «in Weltenlicht und Weltenwärme» zu suchen. So ist der Weg im Seelenkalender in den Sommerwochen zu verstehen, der in dem Spruch nach Johanni mit einem «Götter Wahrheitswort» kulminiert: «In Geistesgründen suche ahnend / Dich geistverwandt zu finden.» Dass an dieser Stelle in Königs imaginativen Bildern ein Gesicht steht, dass vielleicht als Kaspar Hauser gedeutet werden darf, ergibt sich aus der Angabe Rudolf Steiners, die König – selbst wenn das Zitat damals nicht belegt war[62] – für sehr wesentlich hielt; «wenn Kaspar Hauser nicht so gelebt und gestorben wäre, wie er dies tat, dann wäre die Verbindung zur Geistwelt für die Menschen endgültig verloren gegangen». Das hieße aber auch der Zugang zum eigentlichen Wesen des Menschen selbst! In diesem Sinne war Kaspar Hauser wirklich der Bewahrer des Menschenbildes. Dieses Motiv kann in Bezug auf den Weg des einzelnen Menschen durch die Sprüche des Seelenkalenders gerade in der Johanni-Zeit gefunden werden.

Betrachtet man dieses Rätselbild für die Johanni-Woche, sieht man einerseits «den Menschen» schlechthin, aber man sieht andererseits – als

Das Bild Karl Königs zum Johanni-Spruch des Seelenkalenders.

Repräsentanten gewissermaßen – den Bewahrer des Menschenbildes, Kaspar Hauser selbst. Betrachtet man diese Bilderreihe Karl Königs, die er für die Seelenkalendersprüche gemalt hat, bemerkt man die genaue Farbwahl – die Schwelle zur geistigen Welt hat immer mit Blau zu tun. In diesem Bild zu Johanni weint Kaspar Hauser blaue Tränen – die Botschaft Königs scheint genau dies zu sein; durch das Leiden Kaspar Hausers blieb die Schwelle für unsere Zeit offen. Wir dürfen – wenn wir dies aus Freiheit und eigener Erkenntnis wollen – unser eigentliches Selbst «geistverwandt» suchen. Oben schweben Zeichen eines anderen Seins, darüber aber auch die Friedenstaube – auch wieder blau, weil es neben dem Regenbogen die Taube ist, die den «Bund mit Gott» anzeigt, so wie dies bei Noah heißt. Und Kaspar, der das Tao-Zeichen der atlantischen Weisheit um den Hals trägt, ist eingefangen in einem Bilderrahmen, als ob König schon 1940 vorauserlebt hatte, was erst in der Weihnachtsgeschichte beschrieben wird. Sandy, der die Hütte im Land des Lebens gebaut hatte, erzählt dem Wanderer Karl König, wie er Kaspar Hauser begegnet war und sehen durfte, wie er – wie in der Himmelfahrt Christi – von einer Wolke aufgenommen wurde. Die Tränen und das Bild kommen dann vor:

> Ich hörte, wie er zu schluchzen anfing, und dann kam aus der Stelle, wo sein Herz sein musste, ein Leuchten, das immer stärker und schöner wurde. Dann verschwebte die Wolke, und er war wieder zu sehen. In seinen Händen hielt er ein Bild, das sah so aus wie er, und das gab er mir und sagte: ‹Hänge das Bild in der Hütte auf, es wird das Haus zu meiner Stätte machen.›

In Vorbereitungen, die König für einen Vortrag in der Weihnachtszeit 1960 machte, finden wir in seinen Notizen ein Zitat von Rudolf Steiner:

> Und so wurde Buddha ein Gefäß für Wotan. Dieselbe Wesenheit, die Wotan genannt wurde in den germanischen Mythen, die trat

als Buddha wieder auf. Vieles von dem, was die Geheimnisse der atlantischen Zeit waren, gingen auf das über, was der Buddha verkündigen konnte [...] Deshalb haben das tiefste Verständnis für die Buddhalehre diejenigen gezeigt, die Nachzügler waren aus der Atlantis. (Ägyptische Mythen + Mysterien, 10. Vortrag).[63]

Und darunter ergänzte König:

Wotan war eine Erzengel-Wesenheit.
Er begabte die Menschheit mit der Sprache.
So war Buddha überleuchtet
von seinem Engel
von seinem Erzengel
Nachzügler aus der Atlantis nennt Rudolf Steiner auch Kaspar Hauser.

So sehen wir Kaspar Hauser – als Stellvertreter für den heutigen Menschen – an der Schwelle zum Land des Geistes, so wie es im Johanni-Prozess des Seelenkalenders heißt: «Erkennen wirst du einst: / Dich fühlte jetzt ein Gotteswesen» – von Engel und Erzengel mit den «Sprachwerkzeugen» und von der Friedenstaube überleuchtet.

Möglicherweise besteht ein Zusammenhang zwischen dieser frühen – künstlerisch inspirierten – Darstellung Königs, mit einer Aussage, die er 17 Jahre später Karl Heyer gegenüber machte. Heyer hatte König gefragt, ob er etwas über die Sternen-Einwirkungen während der Empfängnis und der ersten Schwangerschaftszeit Kaspar Hausers aussagen könne. In Königs Antwort, vom 24. August 1957, findet sich die Bemerkung, dass Hauser und Johannes der Täufer sich gegenüber stehen. Johannes' Geburtstag wird am 24. Juni gefeiert, was eine Empfängnis zur Michaeli-Zeit bedeuten würde. Kaspar Hausers Empfängnis wäre, da er zu Michaeli zur Welt kam, in die Weihnachtszeit zu denken.

Aquarell von Kaspar Hauser, 1831.

In den letzten Lebensjahren, die mit Vortragsreisen erfüllt waren, blickte König gerne auf die Landschaft Kaspar Hausers, freute sich, den Bodensee – den Wotansee, den Buddha-See – als seine letzte Erdenheimat zu sehen.

Kaspar Hauser.

Beobachtet und dargestellt

in der

letzten Zeit seines Lebens

von

seinem Religionslehrer und Beichtvater

H. Fuhrmann,

K. B. III. Pfarrer bei St. Gumbertus zu Ansbach.

Ansbach,
bei J. M. Dollfuß.
1834.
Brügelscher Druck.

Aus Karl Königs Bibliothek in Camphill, Aberdeen.

Anhang

Aus dem Briefwechsel zwischen Karl König und Karl Heyer

Dr. Karl Heyer
Kressbronn (Bodensee)
Friedrichshafenerstr. 1

11. 2. 59.

Lieber Herr Dr. König,

für Ihre Briefe vom 1.1. und 3.2. danke ich Ihnen aufs allerherzlichste. Schon über den ersten Brief über mein neues Buch habe ich mich sehr gefreut. Dass dieses so kurz vor Weihnachten erst herauskam, beruht auf einer (den ganzen Umständen nach unerhörten) über vierwöchigen Überschreitung des Lieferungstermins durch die Druckerei. Ich hatte oft in all den Wochen des Wartens und Hangens und Bangens (ob es vor Weihnachten da sein würde) das starke Gefühl der retardierenden Mächte, die sich widersetzten. Aber was wurde dann faktisch aus dieser für mich so lästigen Verzögerung ?: dass die meisten das Buch kurz vor Weihnachten erhielten und dass viele, viele es in den Tagen der heiligen Nächte gelesen haben ! Und so ja auch Sie!

Und nun Ihr zweiter Brief mit der Besprechung für die »Drei»! Diese war mir eine ganz grosse Freude, ja ich kann sagen, dass sie für mich geradezu etwas Beglückendes gehabt hat ! Ich bin Ihnen tief dankbar für sie. Zwei Aspekte in ihrem Zusammentreffen machen mir diese Ihre Besprechung so überaus wertvoll : der grosse Zug, die grosse Überschau und dann das feine spirituelle Erfassen im Ganzen und so vielem einzelnen. Und die Besprechung hat »Aura» und strahlt etwas aus von dem, was für mein eigenes Erleben in der Arbeit an dem Buch Liebe und dann doch wohl auch in diesem selbst lebt. Und wie schön ist der Ausklang Ihres Aufsatzes ! Auch mir schwebt ja vor allem die Zukunft vor : um ihrer willen habe ich die Arbeit gemacht. Diese Individualität wird ja weiter wirken wollen.... Also nehmen Sie meinen innigsten Dank ! Solcher tief verständnisvoller Widerhall ist kraftspendend.

Ich hörte indirekt aus Hannover im Oktober, dass Sie dort über K.H. gesprochen haben. Das hat mich auch sehr gefreut. Ich glaube, dass viel mehr unserer Mitglieder innerlich dazu disponiert sind, sich für ihn zu interessieren, als man zunächst wohl denken möchte.

Besten Dank auch noch für Ihren Brief vom 22.10.58.

Zu Ihren wiederholten frdl. Bemerkungen oder Fragen bezüglich meiner Gesundheit muss ich Ihnen sagen, dass diese sehr zu wünschen übrig lässt; es geht mir bestenfalls, wie ich es seit einiger Zeit zu nennen pflege, »mittelschlecht». Dass ich aber trotzdem gerade den K.H.-Band fertig bringen konnte, erfüllt mich mit tiefer Dankbarkeit. Und ich hoffe auch, trotz meiner grossen Erschöpftheit, die trotz allem, was man dagegen unternimmt, nicht weichen will, noch manches arbeiten zu können. Als nächstes beabsichtige ich einen Neudruck meines Büchleins (von 1938) »Geschichtsimpulse des Rosenkreuzertums» herauszubringen, das sich sehr schön ergänzt nun auch gerade mit dem K.H.-Buch.

Ihnen selbst alle guten Wünsche für Ihr grosses segensreiches Wirken und herzliche Grüsse, auch von meiner Frau.

Ihr

Karl Heyer.

1. Januar 1959.

Lieber verehrter Herr Dr. Heyer !

Der erste Brief im neuen Jahr soll an Sie gehen mit dem allerherzlichsten und tiefgefühltesten Dank für Ihr Buch über Kaspar Hauser. Ich habe es zwischen Weihnachten und dem neuen Jahr durchstudiert und ich kann gar nicht sagen, wie dankbar ich dafür bin, dass dieses grosse Material zusammengetragen ist und dass die verstreuten Aussprüche über diese Wesenheit, die Rudolf Steiner gemacht hat nun nicht nur geordnet und übersichtlich vorliegen, sondern sich ihrem Sinngehalt nach gegenseitig tragen.

Jetzt erst beginnt man wirklich zu begreifen, was das Herz immer geahnt aber niemals klar gewusst hat. Diese Empfindungen steigen nun in der Helle des Gedankenlichtes auf und das ist nicht nur Befriedigung sondern eben auch Trost.

Leider kam das Buch erst so spät an (es erreichte mich genau am 17. Dezember), dass es nicht mehr möglich war, eine Besprechung für das Januarheft der "Drei" zu schreiben, aber für das Märzheft soll es geschehen und ich freue mich ausserordentlich auf diese Aufgabe.

Ich hoffe, dass Sie eine schöne Weihnachtszeit gehabt haben und dass Sie mit viel Kraft und guten Mutes in das neue Jahr eingetreten sind.

Mit allen guten Wünschen
und den herzlichsten Grüssen
an Sie und Ihre liebe Frau

verbleibe ich

der Ihre

Kaspar Hauser und das Schicksal Mitteleuropas im 19. Jahrhundert

Zu einem Buche von Karl Heyer

von Karl König

Unter diesem Titel ist Karl Heyers neuestes Buch vor Weihnachten 1958 erschienen.

Es bildete den IX. Band der Beiträge zur Geschichte des Abendlandes. Aus dieser Einordnung in das große geschichtliche Werk Heyers wird ersichtlich, dass hier zum ersten Mal der Versuch gemacht wurde, die Gestalt Kaspar Hausers nicht als einen isolierten, unglücklichen und armen Menschen zu betrachten, sondern unter sehr weiten welt- und menschheitsgeschichtlichen Aspekten an dieses große Problem heranzugehen.

Es handelt sich also nicht um eine der üblichen Biographien, in denen das arme Leben Hausers mit Mitleid oder Verachtung, je nach den Gemütsverhältnissen des betreffenden Verfassers, erzählt wird, sondern um eine historisch-kritische Untersuchung, die von größter Bedeutung ist. Der Verfasser versucht der Frage nachzugehen: Was wäre aus der europäischen Entwicklung im Gange des 19. Jahrhunderts geworden, wenn Kaspar Hauser nicht vorzeitig und gewaltsam seiner Stellung, seines Schicksals und seines Lebens beraubt worden wäre?

Das ist eine verfängliche, sogar eine recht gefährliche Frage. Da ja allerlei Antworten darauf erfolgen könnten und auch der Spekulation Tor und Tür geöffnet wird. Die weise Behutsamkeit aber, mit welcher Heyer die einzelnen Punkte aufgreift, sie gegenseitig abwägt, vergleicht und betrachtet, ist ein Meisterstück gedanklichen Forschens und empfindungsgetragenen Taktes. Das ganze Buch ist von der Weisheit des Herzens durchwirkt und wandelt schon dadurch auf den wahren Spuren desjenigen, um dessen Schicksalserhellung es sich bemüht. Es gliedert sich in zwei große Teile. Der erste beschreibt die Wesensart des Kaspar Hauser und sein Erscheinen im 19. Jahrhundert. Der zweite bemüht sich um eine Darstellung des Schicksals Kaspar Hausers und des Schicksals Mitteleuropas. Ein ergreifender Schluss beendet, wie in einer Apotheose, das Buch.

Von Anfang an bemüht sich der Verfasser darum, alle Angaben, die Rudolf Steiner über Kaspar Hauser in Vorträgen und Gesprächen gemacht hat, zusammenzutragen, sie auf die Wahrscheinlichkeit ihrer Aussage zu prüfen und so zu ordnen, dass sie sich gegenseitig zu tragen und dadurch zu bestätigen beginnen. Auch hier geht Heyer mit außerordentlicher Vorsicht zu Werk und beim Lesen des Buches wird man immer wieder von tiefster Dankbarkeit für den Verfasser erfüllt. Er hat mit erstaunlicher Akribie und Hingabe eine gewaltige Menge von Literatur nicht nur verarbeitet, sondern die Teile in die von Rudolf Steiner nur in einzelnen Strichen entworfene Skizze mit liebender Geduld eingefügt. Dadurch entsteht im ersten Teil ein so farbiges Bild Kaspar Hausers, das in seiner Fülle bisher nur geahnt werden konnte. Im zweiten Teil entfaltet sich dann ein Einblick in die göttlichen Ideen, die hinter der Menschheitsgeschichte und hinter dem Schicksal Europas im 19. Jahrhundert standen.

Das erstaunliche und erschütternde Resultat dieser Darstellung aber wird die Erkenntnis, dass Kaspar Hauser eine bedeutsame, ja überragende Rolle erfüllen sollte: dass durch ihn, mithilfe solcher Persönlichkeiten wie Ferdinand Lasalle und Otto von Bismarck das Gesicht des 19. Jahrhunderts ein anderes geworden wäre und damit auch die Ereignisse des 20. Jahrhunderts eine gänzlich neue Wendung genommen hätten. Unter diesem Umständen wäre der Goetheanismus schon im Laufe des 19. Jahrhunderts zur Wirksamkeit gelangt und eine Spiritualisierung der ganzen europäischen Kultur hätte eingesetzt, sodass die herankommende Geisteswissenschaft in ein ihr gemäßes Haus eingezogen wäre.

Bei solchen Annahmen kann leicht der Einwand entstehen, dass sie niemals zu beweisen sind und deshalb leichthin gemacht werden können; für Karl Heyer aber werden sie zu Ausgangspunkten sorgfältigster Forschung und historischer Untersuchung und Schritt für Schritt führt er den Leser von Tatsache zu Tatsache; hebt verdeckte Tatbestände ans Licht, öffnet die Vorhänge vor bisher verschlossenen Räumen, macht einzelne Fensterläden auf und beleuchtet dadurch Gegenstände, die bisher im Dunkel lagen. Gleich einem Kastellan führt uns der Verfasser durch das verwunschene Schloss des 19. Jahrhunderts und an seiner

Hand beginnen wir, dessen Architektur und die dahinter verborgenen Absichten zu begreifen. Nun erst wird verständlich, warum Lasalle frühzeitig sein Leben im Duell hingeworfen hat und wieso Ludwig von Bayern seinen tragischen Tod in völliger Umnachtung fand. Man beginnt zu ahnen, dass Richard Wagners Sendung weit über Bayreuth hinaus wirksam geworden wäre und Bismarck nicht Wilhelm I., sondern einem anderen zur Seite hätte stehen sollen. Dann wäre der erste und der zweite weltgeschichtliche Irrtum von Versailles nicht geschehen; denn weder wäre es zur Begründung eines deutschen Reiches unter der Vorherrschaft Preußens gekommen, noch zu einer unmenschlichen Demütigung eines ganzen Volkes, dem fremde Schuld in Verdrehung der Wahrheit untergeschoben wurde.

Nicht verloren gegangene oder verborgen gehaltene Dokumente könnten Kaspar Hausers badisches Prinzentum klarer erweisen als diese bisher unbesehenen Möglichkeiten des geschichtlichen Ablaufs im 19. Jahrhundert. Und die sonst für schuldig Gehaltenen, wie die Reichsgräfin von Hochberg und andere, waren nur Werkzeuge in der Hand bestimmter einflussreicher Persönlichkeiten. Es wird aus Heyers Untersuchungen eindeutig anschaubar, dass der am 29. September 1812 geborene badische Kronprinz zu Großem bestimmt war, dass er aber aus diesem Grund das Schicksal Kaspar Hausers erleiden musste.

So beschritt er den Pfad der Erleuchtung; er wurde getrennt von dem, was er liebte, von Eltern und Geschwistern; er wurde getrennt vom Licht der Erdenwelt, von der Begegnung mit anderen Menschen, von den Möglichkeiten eines würdigen Daseins, von allem, was ein Kind und ein heranwachsender Mensch bedarf. Und als er dann plötzlich auftauchte, unvorhergesehen und unerwartet, wurde er zum Kind Europas, weil er das Gewissen der Menschheit zu erwecken schien. Er tat es nicht, sondern er erlitt es; nicht durch Sprechen, sondern im Schweigen, nicht im Handeln, sondern im Dulden, nicht im Wirken, sondern im Warten wurde er zum Mahner und Warner. Die ihm nach dem Leben trachteten aber gewannen das Spiel. Als er im Sterben lag, sprach er es selbst aus:

Viele Katzen sind der Maus Tod. Das Ungeheuer, wie er es nannte, war stärker und hat ihn irdisch vernichtet.

Schon zu seinen Lebzeiten und nachher immer vordringlicher traten jene auf, die seine Existenz entweder bespöttelten oder bespieen. Sie erschienen stets im gleichen Gewand: Als Vertreter der praktischen Vernunft trugen sie entweder den Gehrock des Geheimrats oder die Wadenstrümpfe und braunen Hemden des alldeutschen Nationalismus. Sie nannten ihn Schwindler, Betrüger, Strolch, Usurpator, obwohl er niemals etwas anderes beanspruchte, denn als Mitmensch angenommen zu werden. In jeglicher Form traten seine Gegner immer häufiger und in steigender Zahl auf, bis das Ungeheuer hundert Jahre nach seinem gewaltsamen Tod, 1933, zur Macht kam. Davon spricht Heyer, wenn er im Schlussteil des Buches sagt:

> Hundert Jahre nach dem Tod Kaspar Hausers in Ansbach, 1933, hatte in Deutschland der ‹Nationalsozialismus› die Macht in Händen, herrschte das ‹Dritte Reich› als das Gegenreich. Dem neuen ‹Priesterkönigtum› war das Gegenbild in Gestalt des ‹Führerprinzips› erstanden: die absolute Herrschaft eines von dämonischen Abgrundmächten Besessenen [...] Dass es das Böse als eine reale Geistesmacht gibt, die in das geschichtliche und soziale Leben eingreift, haben durch das ‹Dritte Reich› nicht wenige Menschen neu zu begreifen gelernt.

Viele aber haben es auch schnell wieder vergessen und deshalb ist es ein zeitnotwendiges Ereignis, dass Heyers Buch jetzt vorliegt und von jedem gelesen und aufgenommen werden kann. In 480 Anmerkungen und Hinweisen gibt der Verfasser das ganze Literatur-Material, das er zusammengetragen hat, dem Leser an die Hand. Er unterbaut jede seiner Angaben und lässt den Lesenden in seiner Urteilsbildung frei. Oft könnte man den Eindruck haben, dass Heyer zu viel daran tue und doch schneller seinem Ziel zuschreiten könnte. Aber bald wieder merken wir, dass nur der langsam Schreitende auch der Lösung sicher Erreichende ist.

Mit diesem Buch ist ein Werk gelungen, das dem Wesen dient, in dessen Hut das Ewige Deutschland ruht. Es wird einst in einem milden Licht der Menschengüte wieder zu leuchten beginnen und eine der Quellen dieses Lichtes wird im Herzen Kaspar Hausers zu finden sein.

Zur Horoskop-Zeichnung Karl Königs

von Alan Thewless[1]

In das original Vergleichshoroskop zeichnete Karl König zwei aufeinander bezogene Ereignisse: Karl Königs Vortrag am 28. Mai 1928 im Goetheanum und das erste Erscheinen von Kaspar Hauser in Nürnberg am 26. Mai 1828. Karl König berechnete die Planetenkonstellationen und fügte sie so in die Zeichnung ein, dass sie verglichen werden können. Kaum erkennbar finden wir ein drittes Horoskop, das Karl König hauchdünn einfügte, und obwohl es nicht als solches bezeichnet wurde, markiert es die Konstellationen seiner eigenen Geburt (siehe – die von uns vorgenommene – farbliche Markierung im Originalhoroskop. Blau markiert das Geburtshoroskop Königs auf Seite 168). Dieses Zusammenfügen der drei verschiedenen Horoskope in eine Zeichnung zeigt uns, mit welch tiefen persönlichen Fragen Karl König lebte, und wie energisch er deren Erkundung betrieb. Am äußersten Kreis, innerhalb der Tierkreiszeichen, erkennen wir ein viertes eingefügtes Element, die Position von Jupiter zur Zeit von Kaspar Hausers Tod.

Mit einer Rekonstruktion seiner Berechnungen (Seite 225) betrachten wir nun diese Zusammenhänge:

Beginnend mit Karl Königs Geburtshoroskop, ein bedeutsames und beachtenswertes Element ist die nahe Position von Saturn (180°) zum Zeitpunkt des ersten Erscheinens von Kaspar Hauser in Nürnberg (siehe Achse 1). Saturn, der von Rudolf Steiner als wandelndes Gedächtnis unseres Planetensystems[2] beschrieben wird, schaut hier zurück auf dieses vorangegangene Ereignis in Nürnberg, und erinnert sich, alles überschauend, an diesen wichtigen Zeitpunkt im Schicksal der Menschheit.

Willi Sucher beschrieb solche Oppositionen so, dass sie «Erinnerungen» zur Kontemplation anbieten.[3] In der Gestalt dieser beiden Saturnstellungen, die sich räumlich in einer Zeitspanne von einem Jahrhundert gegenüberstehen, können wir den Planeten-Repräsentanten für Karma in Karl Königs Geburtshoroskop erkennen, der Saturn seiner Geburtskonstellation steht in voller Vergegenwärtigung des Momentes, als Kaspar Hauser in Nürnberg erschien. Willi Sucher beschreibt Saturn folgendermaßen: Saturn umfasst die Wege der Evolution von der Vergangenheit in die Gegenwart.[4] Die Erkenntnis, dass die Bilder des Himmels, wie oben dargestellt, ein solches Schicksal bestimmendes Motiv im Leben Karl Königs zeigen, ist eine bewegende Erfahrung.

Diese Achse, die aus den zwei Saturnstellungen definiert ist (Achse 1), wird noch stärker betont, wenn wir die drei anderen, sie begleitenden Planeten, Venus, Mars und Neptun aus dem Nürnberghoroskop bedenken. Wenn wir im Vortragshoroskop vom 28. Mai 1928 auch noch Plutos Stellung in Betracht ziehen, können wir schnell feststellen, dass auch er sehr nah zur Achse 1 kommt, und außerdem dem Mars im Nürnberghoroskop in genauer Opposition (180° Aspekt) gegenübersteht. Nachdem wir erkannt haben, dass Karl Königs Schicksal in enger Verbindung mit jenen Regionen des Himmels steht, die von der Achse 1 markiert werden, beginnt die Stellung von Pluto in der Zeit seines Vortrages, und allgemein in dem Zeitraum um den 28. Mai 1928, als ein möglicher Einflussfaktor für tiefgreifende Herausforderungen und drastische Veränderungen an Bedeutung zu gewinnen.

Die Anwesenheit von Pluto wird sogar noch verstärkt, wenn wir Achse 2 studieren: Pluto im Nürnberghoroskop steht direkt hinter den vereinigten Mars und Uranus im Vortragshoroskop vom 28. Mai 1928. Das Potential dieser zweifelsohne kämpferischen und herausfordernden Situation wird durch den Mond immanent, der sich in Opposition am anderen Ende der Achse befindet. Diese seltene und kraftvolle Konstellation hat volle Wirkung am Tag des Vortrages!

So bedeutsam die Stellung von Pluto auch sein mag, Karl König hat diesen Planeten nicht in das original Vergleichshoroskop eingezeichnet. Es könnte sein, dass Karl König seine Berechnung zwischen 1928 und 1930 machte, bevor Pluto 1930 entdeckt wurde. Dessen ungeachtet führt uns eine Einbeziehung von Pluto weiter in der Bewertung des Vergleichs der zwei Daten im Vergleichshoroskop von Karl König.

Eine weitere bedeutende Achse in Karl Königs Geburtshoroskop (Achse 3 im kommentierten Horoskop) wird durch die Mondknoten (siehe die Erläuterung mit den Planetensymbolen) gebildet, sie stehen diametral in Opposition zueinander im Tierkreis, da, wo die Mondbahn den Weg der Sonne kreuzt (geozentrisch gesehen). Die Mondknotenachse ist bedeutsam, sie markiert jene Momente, in denen das Seelenleben der inkarnierten Menschen am meisten offen dafür ist, Einflüsse aus der geistigen Welt aufnehmen zu können. Dieses Phänomen ist nicht nur für die einzelne Individualität von Bedeutung, sondern es kann die ganze Menschheit und die Geistesgeschichte umfassen. Wenn wir wieder auf das Vergleichshoroskop schauen, ist es auffallend, dass sich zur Zeit von Karl Königs Geburt der Mondknoten nahezu in der gleichen Position befindet wie jener, als Kaspar Hauser in Nürnberg erschien (innerhalb 1° orb). Das zeigt erneut, wie in der Beziehung der zwei Saturn-Konstellationen, eine Resonanz zwischen dem früheren und späteren Ereignis besteht. Darüber hinaus sehen wir, dass Merkur in Karl Königs Geburtshoroskop, der Mond im Nürnberger Horoskop und Jupiter zur Zeit des Vortrages am 28. Mai 1928 sich an einer Linie, die durch die Mondknoten gebildet wird, ausrichten. Für Karl König dürfte bei der Betrachtung dieses Horoskops die Stellung Jupiters aus der Zeit von Kaspar Hausers Tod von großem Interesse gewesen sein, da er sich auch auf dieser Achse befindet.

Karl König vermerkte all das in seiner Zeichnung. Mit Jupiter kann beispielhaft gesehen werden, wie Planeten-Korrespondenzen gesehen werden können, die durch alle einzelnen Horoskope durchgehen, um später im Mai 1928 ihr Echo zu finden, als Karl König seinen Vortrag am Goetheanum hielt. Vielleicht war es beruhigend für Karl König, da durch die Gegenwart von Jupiter gezeigt wird, dass ein umfassender und weisheitsvoller Kontext zu den Ereignissen auf der Erde vorhanden war, und dass dies im Zusammenhang mit der fortdauernden Mission von Kaspar Hauser stand!

Bezugnehmend darauf, dass Karl König die Jupiter-Stellung zur Zeit von Kaspar Hausers Tod einbezogen hat, sollten wir beachten, dass es Willi Sucher war, der den Weg wies, wie die Todeshoroskope einer Individualität von großer Bedeutung sind, indem sie uns ein Bild geben, wie die Gaben und Früchte eines individuellen Lebens vom Kosmos aufgenommen werden und ebenso, wie diese Elemente verfügbar gemacht werden können auf der Basis des Vergleiches für jene, die später kamen und eine Affinität dazu haben. Willi Sucher schrieb im März 1972 in Bezug auf das Todeshoroskop des Renaissance-Malers Raphael:

> Die Substanz, die der Welt der Planeten übergeben wird und die aus den Früchten der Anstrengungen des Menschen auf der Erde besteht, ist nicht verloren oder vergessen. Diese lebt in den Planeten weiter und kann durch Inspirationen von Menschen aufgenommen werden, die sich auf Inkarnationen in den folgenden Zeitaltern vorbereiten.[5]

Schließlich können wir in Bezug auf eine Erklärung des ganzen Vergleichshoroskops, das Karl König zeichnete, noch ein Weiteres erwähnen: Wenn wir auf das Original schauen, sehen wir gezeichnete Linien der Konjunktion von Sonne und Merkur im Nürnberghoroskop zur Sonne- und Mondknoten-Konjunktion im Vortragshoroskop. Besonders die Beziehung zwischen Merkur im Nürnberg-Plan und dem Mondknoten in Karl Königs Vortragshoroskop ist durch die kräftig gezeichneten Verbindungslinien in der originalen Zeichnung stark hervorgehoben. Wir können uns hier vorstellen, wie die Zeit um den 28. Mai 1928 die Möglichkeit bot, durch die Schicksalskraft dieses mysteriösen Wesens, das in Nürnberg ein Jahrhundert zuvor erschien, «erquickt» zu werden. 180° gegenüber im Horoskop sehen wir zur Zeit von Karl Königs Vortrag den absteigenden Mondknoten (siehe Achse 4), Saturn ist da und im Hintergrund des Geschehens auch Uranus von Karl Königs Geburtshoroskop. In dieser Achse 4 bemerken wir also wieder bedeutsame Übereinstimmungen, die durch alle drei Ebenen hindurch wirken. Sie weisen, den Uranus von Karl Königs Geburt einbeziehend, auf die Bedeutung dieser Zeit um den 28. Mai 1928, als einen für ihn tief in das Schicksal eingreifenden Augenblick, der in Verbindung mit dem Moment steht, als Kaspar Hauser in Nürnberg erschien.

Diese kurze Orientierung kann nicht erschöpfend sein, sondern zunächst eine punktuelle Analyse, eine erste Erläuterung einiger wichtiger Planeten-Beziehungen, die in diesem bedeutenden Vergleichshoroskop Karl Königs vorgelegt werden. Diese inneren Verknüpfungen zwischen den Hauptereignissen des Kaspar-Hauser-Schicksals und Karl Königs eigenen Planetenkonstellation zur Geburt, rufen förmlich zu einer tiefergreifenden biographischen Betrachtung vor diesem Hintergrund auf.

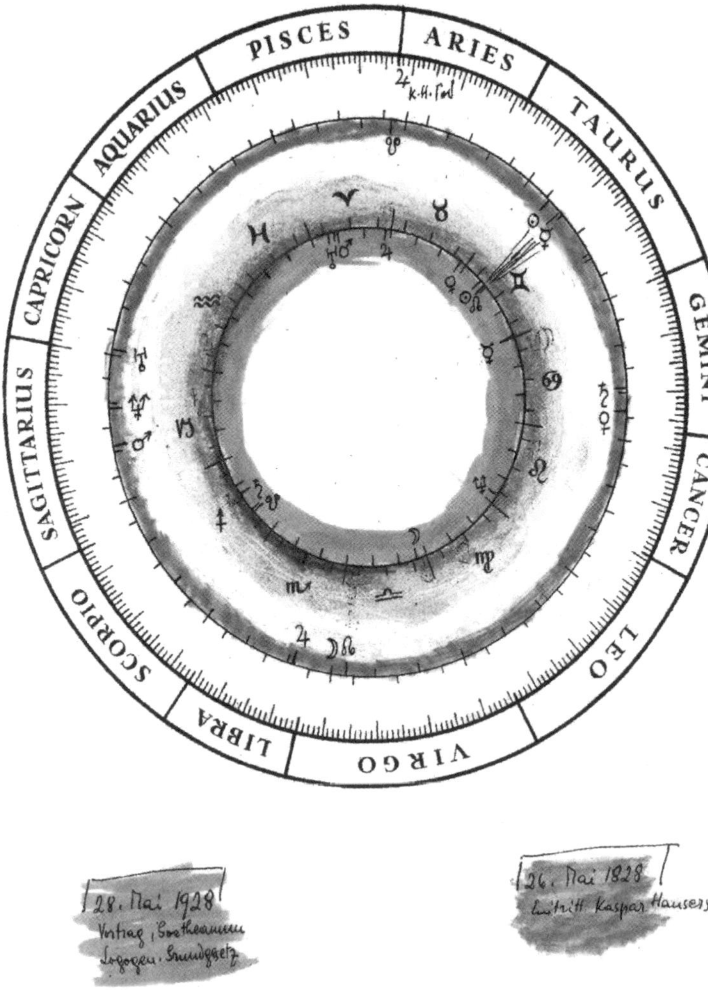

Karl Königs Vergleichshoroskop (siehe auch Seite 168).

Erläuterungs-Diagramm

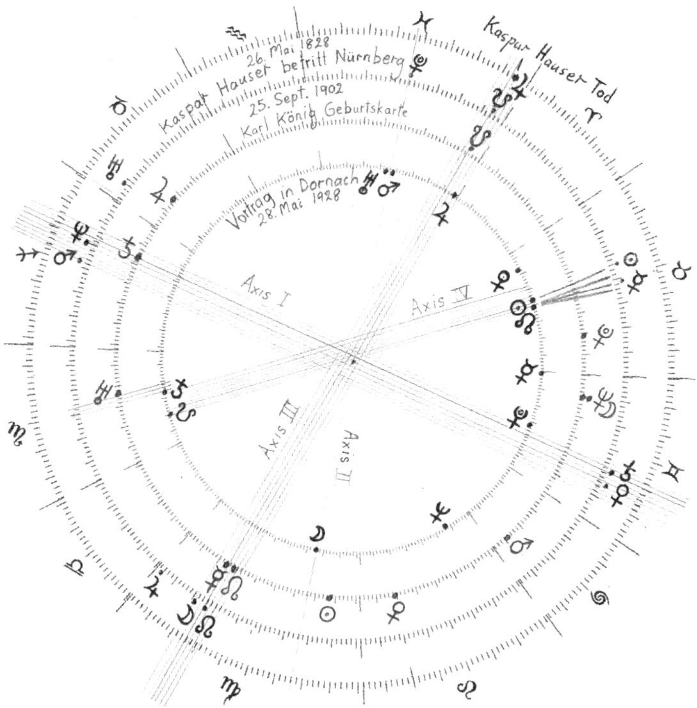

☉ Sonne
☽ Mond
☿ Merkur
♀ Venus
♂ Mars
♃ Jupiter
♄ Saturn
♅ Uranus
♆ Neptun
♇ Pluto

☊ Mondknoten (Aufsteigend)
☋ Mondknoten (Absteigend)

Rekonstruktion von Königs Berechnungen durch Alan Thewless.

Anmerkungen

Vorwort

1 Karl König: «Mignon. Versuch einer Geschichte der Heilpädagogik», in: Karl König: *Das Seelenpflege-bedürftige Kind,* Karl König Werkausgabe, Stuttgart 2008, S. 166.

2 Karl König: «Ansprache zur Eröffnung der Dorfgemeinschaft Lehenhof» zitiert nach Hans Müller-Wiedemann: *Karl König. Eine mitteleuropäische Biographie,* Stuttgart 1992, S. 480.

3 Karl König: «Vom Sinn und Wert heilpädagogischer Arbeit», in: Karl König: *Das Seelenpflege-bedürftige Kind,* Karl König Werkausgabe, Stuttgart 2008, S. 46.

Die Geschichte von Kaspar Hauser

1 Georg Friedrich Daumer: *Mitteilungen über Kaspar Hauser.* Heft 1, Nürnberg, 1932. Die beiden Hefte sind von P. Tradowsky neu herausgegeben worden: Georg Friedrich Daumer: *Kaspar Hauser,* Dornach 1983.

2 Aus der Bekanntmachung des Bürgermeisters Binder, zitiert nach Karl Heyer: *Kaspar Hauser und das Schicksal Mitteleuropas im 19. Jahrhundert,* Stuttgart 1983, S. 54.

3 Georg Friedrich Daumer: *Kaspar Hauser,* Dornach 1983, S. 56 f.

4 Klara Hofer: *Das Schicksal einer Seele,* Nürnberg 1924.

5 Vergl. Otto Flake: *Kaspar Hauser,* Mannheim 1960 (1994 als Fischer-Taschenbuch erschienen).

6 Eine codierte Schreibweise für «Sein Sohn Caspar». Mehr zu diesem Zettel und andere Einzelheiten: Johannes Mayer und Peter Tradowsky: *Kaspar Hauser. Das Kind von Europa in Wort und Bild dargestellt,* Stuttgart 1984.

7 S. Johannes Mayer und Peter Tradowsky: *Kaspar Hauser*, Stuttgart 1987, S. 587.
8 Friedrich Schlegel: *Philosophie der Geschichte* in: *Sämtliche Werke*, Band 13 und 14, Wien 1846.
9 Vergl. Karl Heyer: *Kaspar Hauser und das Schicksal Mitteleuropas im 19. Jahrhundert*, Kressbronn 1958.

Karl König, Ita Wegman und Kaspar Hauser

1 Karl König Archiv, Camphill (so auch die weiteren, im Text zitierten, bisher unveröffentlichten Tagebuch- und Notizbucheintragungen).
2 Kaspar Hauser: «Brief an Helene von Dobeneck», 8.9.1828, in: Johannes Mayer und Peter Tradowsky: *Kaspar Hauser. Das Kind von Europa*, Stuttgart 1984, S. 338.
3 *Völkischer Beobachter*, 15.3.1921.
4 Rudolf Steiner: *Das Schicksalsjahr 1923 in der Geschichte der Anthroposophischen Gesellschaft. Vom Goetheanumbrand zur Weihnachtstagung* (1923), GA 259, Dornach 1991, S. 863.
5 Vgl. hierzu Peter Selg: *Ita Wegman und Karl König. Eine biographische Dokumentation*, Dornach 2007, S. 44ff.
6 Vgl. Peter Selg: «Eugen Kolisko», in: *Anfänge anthroposophischer Heilkunst*, Dornach 2000, S. 172ff.
7 Vgl. Eugen Kolisko: *Vom therapeutischen Charakter der Waldorfschule*, Dornach 2002.
8 Zu Rudolf Steiners Begriff der «Seelenpflege-bedürftigen Kinder» vgl. Karl König: *Das Seelenpflege-bedürftige Kind. Vom Wesen der Heilpädagogik*, Karl König Werkausgabe, Stuttgart 2008.
9 Vgl. hierzu insbesondere Rudolf Frieling: «Die Heilung des Blindgeborenen», in: *Gesammelte Schriften*, Band 3: *Christologische Aufsätze*, Stuttgart 1982, S. 225ff.
10 Vgl. Karl König: «Mignon. Versuch einer Geschichte der Heilpädagogik», in: Karl König: *Das Seelenpflege-bedürftige Kind. Vom Wesen der Heilpädagogik*, Karl König Werkausgabe, Stuttgart 2008, S. 150ff.
11 Ebd., S. 162ff.
12 Ebd., S. 165.
13 Vgl. Karl König: «Die Geschichte von Kaspar Hauser» (1961). In diesem Band, S. 32.
14 Vgl. Karl König: «Die Geschichte von Kaspar Hauser» (1961). In diesem Band, S. 13.
15 Zit. n. Johannes Mayer und Peter Tradowsky: *Kaspar Hauser. Das Kind von Europa*, Stuttgart 1984, S. 407.

16 Zit. n. Karl Heyer: *Kaspar Hauser und das Schicksal Mitteleuropas im 19. Jahrhundert,* Basel 1999, S. 77.
17 Ebd., S. 37.
18 Ebd., S. 31.
19 Ebd., S. 30.
20 Ebd., S. 76.
21 Ebd., S. 75f.
22 Ebd., S. 79.
23 Ebd., S. 77.
24 Ebd., S. 78.
25 Zit. n. Johannes Mayer und Peter Tradowsky: *Kaspar Hauser. Das Kind von Europa,* Stuttgart 1984, S. 112.
26 Ebd., S. 338.
27 Zit. n. Karl Heyer: *Kaspar Hauser und das Schicksal Mitteleuropas im 19. Jahrhundert,* Basel 1999, S. 69.
28 Zit. n. Johannes Mayer und Peter Tradowsky: *Kaspar Hauser. Das Kind von Europa,* Stuttgart 1984, S. 93.
29 Vgl. Karl Heyer: *Kaspar Hauser und das Schicksal Mitteleuropas im 19. Jahrhundert,* Basel 1999, S. 33.
30 Zit. n. Johannes Mayer und Peter Tradowsky: *Kaspar Hauser. Das Kind von Europa,* Stuttgart 1984, S. 24.
31 Zit. n. Karl Heyer: *Kaspar Hauser und das Schicksal Mitteleuropas im 19. Jahrhundert,* Basel 1999, S. 38.
32 Zit. n. Johannes Mayer und Peter Tradowsky: *Kaspar Hauser. Das Kind von Europa,* Stuttgart 1984, S. 359.
33 Gottlieb Tucher, ebd., S. 97.
34 Ebd., S. 133.
35 Ebd., S. 113.
36 Ebd., S. 136.
37 Ebd., S. 134.
38 Vgl. Rudolf Steiner: *Aus der Akasha-Forschung. Das Fünfte Evangelium* (1913/14), GA 148, Dornach 1992 und Peter Selg: *Rudolf Steiner und die Vorträge über das Fünfte Evangelium,* Dornach 2010.
39 Ebd. – Vgl. a. Sergej O. Prokofieff: «Die Menschheitsaufgabe der nathanischen Seele», in: *Gemeinschaftsbildung im Lichte Michaels,* Hg. Richard Steel, Dornach 2010, S. 25 – 59.
40 Rudolf Steiner: *Die Welt des Geistes und ihr Hereinragen in das physische Dasein. Das Einwirken der Toten in die Welt der Lebenden* (1913), GA 150, Dornach 1980, S. 107.
41 Ebd., S. 120.

42 Rudolf Steiner, zit. n. Karl Heyer: *Kaspar Hauser und das Schicksal Mitteleuropas im 19. Jahrhundert,* Basel 1999, S. 82.
43 Rudolf Steiner: *Von Jesus zu Christus* (1911), GA 131, Dornach [7]1988, S. 174
44 Rudolf Steiner: *Das Lukas-Evangelium* (1909), GA 114, Dornach [9]2001, S. 109.
45 Rudolf Steiner: *Aus der Akasha-Forschung. Das Fünfte Evangelium* (1913/14), GA 148, Dornach [5]1992, S. 245.
46 Rudolf Steiner: *Die Welt des Geistes und ihr Hereinragen in das physische Dasein. Das Einwirken der Toten in die Welt der Lebenden* (1913), GA 150, Dornach [2]1980, S. 108.
47 Rudolf Steiner: *Das Matthäus-Evangelium* (1910), GA 123, Dornach [7]1988, S. 122.
48 Rudolf Steiner: *Aus der Akasha-Forschung. Das Fünfte Evangelium* (1913/14), GA 148, Dornach [5]1992, S. 285.
49 Vgl. Rudolf Steiner: *Aus der Akasha-Forschung. Das Fünfte Evangelium* (1913/14), GA 148; Rudolf Steiner: *Vorstufen zum Mysterium von Golgatha* (1913/14), GA 152, Dornach [3]1990 und Sergej O. Prokofieff: «Die Menschheitsaufgabe der nathanischen Seele», in: *Gemeinschaftsbildung im Lichte Michaels,* Hg. Richard Steel, Dornach 2010, S. 25 – 59.
50 Vgl. hierzu Peter Selg: *Die Kultur der Selbstlosigkeit. Rudolf Steiner, das Fünfte Evangelium und das Zeitalter der Extreme,* Dornach [3]2010.
51 Rudolf Steiner: *Aus der Akasha-Forschung. Das Fünfte Evangelium* (1913/14), GA 148, S. 277.
52 Ebd., S. 151.
53 Ebd., S. 324.
54 Ebd., S. 278.
55 Rudolf Steiner: «Das Geheimnis der Wunde. Aufzeichnungen zum Samariterkurs», in: *Beiträge zur Rudolf Steiner Gesamtausgabe,* Nr. 108, 1992, S. 14. Hervorhebung v. V.
56 Ebd., S. 14f.
57 Karl König Archiv, Camphill.
58 Vgl. Karl Heyer: *Kaspar Hauser und das Schicksal Mitteleuropas im 19. Jahrhundert,* Basel 1999.
59 Rudolf Steiner: *Die Apokalypse des Johannes* (1908), GA 104, Dornach [7]1985, S. 29.
60 Vgl. Karl Heyer: *Kaspar Hauser und das Schicksal Mitteleuropas im 19. Jahrhundert,* Basel 1999, S. 21.
61 Vgl. Adalbert von Keyserlingk (Hg.): *Koberwitz 1924. Geburtsstunde einer neuen Landwirtschaft,* Stuttgart 1974, S. 67.
62 Vgl. Peter Tradowsky: *Kaspar Hauser oder das Ringen um den Geist,* Dornach 1980, S. 277.

63 In: Thomas Meyer: *Ludwig Polzer-Hoditz. Ein Europäer*, Basel [2]2008, S. 670.
64 Ebd., S. 669f.
65 Ebd., S. 668.
66 Zit. n. Karl Heyer: *Kaspar Hauser und das Schicksal Mitteleuropas im 19. Jahrhundert*, Basel 1999, S. 51.
67 Rudolf Steiner: *Der irdische und der kosmische Mensch*, GA 133, Dornach [4]1989, S. 79f.
68 Zit. n. Karl Heyer: *Kaspar Hauser und das Schicksal Mitteleuropas im 19. Jahrhundert*, Basel 1999, S. 126.
69 Hans Müller-Wiedemann: *Karl König. Eine mitteleuropäische Biographie im 20. Jahrhundert*, Stuttgart 1992, S. 204.
70 Ita Wegman: «Wie bewertet geisteswissenschaftlich orientierte Medizin Erscheinungen wie die in Konnersreuth?», in: *Im Anbruch des Wirkens für eine Erweiterung der Heilkunst nach geisteswissenschaftlicher Menschenkunde*, Arlesheim 1974, S. 102.
71 Hans Müller-Wiedemann: *Karl König. Eine mitteleuropäische Biographie im 20. Jahrhundert*, Stuttgart 1992, S. 204.
72 Vgl. hierzu Peter Selg: *Ita Wegman und Karl König. Eine biographische Dokumentation*, Dornach 2007.
73 Ebd., S. 221.
74 Ebd., S. 222. Übersetzung korrigiert nach der englischen Transkription.
75 Ebd., S. 223f.
76 Ebd., S. 28.
77 Ita Wegman: *Brief an Mien Viehoff, 24.10.1939*, Ita Wegman Archiv, Arlesheim.
78 Ita Wegman Archiv, Arlesheim.
79 Vgl. Peter Selg: *Geistiger Widerstand und Überwindung. Ita Wegman 1933 – 1935*, Dornach 2005, S. 88ff.
80 Brief Ita Wegmans an Mathilde Enschedé, 10.4.1935, Ita Wegman Archiv, Arlesheim.
81 Liane Collot d'Herbois: «Erinnerungen an Ita Wegman», in: *Ita Wegman-Fonds für soziale und therapeutische Hilfstätigkeiten*, 1993.
82 Karl König Archiv, Camphill.
83 Erhard Fucke: *Siebzehn Begegnungen*, Stuttgart 1996, S. 86.
84 Vgl. hierzu u.a. Sergej O. Prokofieff: «Friedrich Schiller, Kaspar Hauser, Rudolf Steiner», in: *Menschen mögen es hören. Das Mysterium der Weihnachtstagung*, Stuttgart 2002, S. 830ff.
85 Karl König: *Auch eine Weihnachtsgeschichte*, Stuttgart 1998, S. 35
86 Hans Müller-Wiedemann: *Karl König. Eine mitteleuropäische Biographie im 20. Jahrhundert*, Stuttgart 1992, S. 209f.
87 Königs Tagebücher des Jahres 1946 existieren nicht mehr, auch keine Kopien

von ihnen. Die näheren Umstände der Niederschrift der Weihnachtsgeschichte sind daher nicht bekannt.

88 Karl König: *Auch eine Weihnachtsgeschichte*, Stuttgart 1998, S. 32ff.

89 Karl König Archiv, Camphill.

90 Karl König: «Die Geschichte von Kaspar Hauser» (1961), in diesem Band, S. 13ff.

91 Karl König: *Über das Wesen Camphills – drei Aspekte*. Zit. n. Hans Müller-Wiedemann: *Karl König. Eine mitteleuropäische Biographie im 20. Jahrhundert*, Stuttgart 1992, S. 202f.

92 Ebd., S. 479f.

93 Ebd., S. 476f.

94 Ebd., S. 304f.

95 Ebd., S. 416.

Dieses Land ist uns Menschen ahnbar geworden

1 Karl König: *Auch eine Weihnachtsgeschichte*, Stuttgart 1998, S.35.

2 Peter Selg: *Ita Wegman und Karl König. Eine biographische Dokumentation*, Dornach 2007, ab Seite 23.

3 Zwei Seminare, 1965 und 1966: *Embryologie und Weltentstehung*, Freiburg 1966. Für die Karl König Werkausgabe vorgesehen.

4 zitiert nach Peter Selg, siehe Anm. 2, Seite 314 f.

5 Peter Selg: *Karl König und die Anthroposophie. Zur Spiritualität eines esoterischen Christen im 20. Jahrhundert*, Dornach 2006.

6 Ebd., S. 38.

7 Z.B. in: *Die Geheimwissenschaft im Umriss*, GA 13, Dornach 1989, Kapitel 4, und besonders in dem von Karl König intensiv bearbeiteten Vortrag über die *Evolution vom Gesichtspunkt des Wahrhaftigen* – siehe Peter Selg, S. 102.

8 Matthäus 18. Von Emil Bock so übersetzt: Wenn ihr nicht innerlich umkehrt und das Wesen des Kindes in euch belebt, werdet ihr den Zugang zum Reich der Himmel nicht finden. (*Das neue Testament* in der Übersetzung von Emil Bock, Stuttgart 2009).

9 Undatierter Zettel, vermutlich um 1930, Karl König Archiv.

10 Karl Ernst von Baer: «Über die Entwickelung des Hühnereis» in: *Über Entwickelungsgeschichte der Thiere*, 3 Bände, Königsberg 1828. Über diese «Geburt» sprach König oft und notierte es immer wieder bei seinen geschichtlichen Notizen.

11 Feuerbach, zitiert nach Selg, siehe Seite 48 und Anmerkung 30.

12 Rudolf Steiner, im Vortrag *Richard Wagner und die Mystik*, 28.3.1907 in GA 55, *Die Erkenntnis des Übersinnlichen in unserer Zeit und deren Bedeutung für das heutige Leben*, Dornach 1983.

13 In GA 109, *Das Prinzip der spirituellen Ökonomie*, Dornach 2000.
14 In einem Brief vom 14.5.1958, Karl König Archiv.
15 Karl Heyer: *Kaspar Hauser und das Schicksal Mitteleuropas im neunzehnten Jahrhundert*, Stuttgart 1983.
16 Hier bezieht sich König sicher auf die Aussagen des Paulus. Siehe den Brief an die Korinther, 15. Kapitel.
17 Karl König: *Die drei Tugenden*, Manuskript, Karl König Archiv. Zur Veröffentlichung in der Karl König Werkausgabe vorgesehen.
18 Georg Friedrich Daumer: *Enthüllungen über Kaspar Hauser*, Frankfurt 1859, zitiert nach Heyer, S.56.
19 Regensburg, 1873. Zitiert nach Karl Heyer, S. 57.
20 Siehe Peter Tradowsky (Hrsg.): *Georg Friedrich Daumer – Mitteilungen über Kaspar Hauser*, Dornach 1983, S. 137f
21 Karl König: *Auch eine Weihnachtsgeschichte*, Stuttgart 1998, S. 25f.
22 Hier und im Folgenden werden – soweit nicht anders verzeichnet – die Tagebücher Karl Königs zitiert, die im Karl König Archiv, Aberdeen aufbewahrt werden.
23 Karl König: «Mignon, Versuch einer Geschichte der Heilpädagogik» in: Karl König: *Das Seelenpflege-bedürftige Kind*, Karl König Werkausgabe Stuttgart, 2008. S. 175.
24 Hierzu eine astrologische Darstellung von Alan Thewless, siehe Seite 217 f.
25 Aus einem Brief an Tilla König – damals noch Maasberg – zitiert nach Karl König: *Meine zukünftige Aufgabe*, Karl König Werkausgabe, Stuttgart 2008, S. 35.
26 In dem Aufsatz «Meine persönlichen Erfahrungen mit dem Kaspar-Hauser-Roman», in dem Buch *Lebensdienst*, Leipzig und Zürich 1928.
27 Am 23. Dezember in dem Vortrag «Et incarnatus est», in: GA 180, *Mysterienwahrheiten und Weihnachtsimpulse*, Dornach 2007.
28 Karl König: «Autobiographisches Fragment», in: *Meine zukünftige Aufgabe*, Karl König Werkausgabe, Stuttgart 2008, S. 30.
29 Ebd., S. 56.
30 Zitiert nach Müller-Wiedemann: *Karl König. Eine mitteleuropäische Biographie*, Stuttgart 1992, Kapitel 2: «Gemeinschaftsbildung».
31 Rudolf Steiner: «Richard Wagner und sein Verhältnis zur Mystik», 2.12.1907. In: GA 92, *Die okkulten Wahrheiten alter Mythen und Sagen*, Dornach 1999.
32 Marianne Gorge in: Johannes Suhrkamp (Hrsg.), *The Lives of Camphill*, Floris Books, 2007, S. 37 (Übersetzung RS).
33 Damit meint er die Zeit ab der «Freilassung» in Nürnberg. (Hrsg.)
34 Am 17.12.1944 hatte Alix Roth in ihr Tagebuch geschrieben: «Kaspar Hauser's Todestag – 111 Jahre ... Jetzt sind es 111 Jahre, seit er ermordet wurde und zur Zeit, als wir in Kirkton House begonnen haben, waren es 111 Jahre seit er in Nürnberg erschien.» Das Tagebuch befindet sich im Karl König Archiv.

35 Tagebuch, 4. und 5. Februar 1948.
36 = Der Mysterienschüler.
37 Im Vortrag vom 3.12.1905 «Parzival und Lohengrin» in GA 92, *Die okkulten Wahrheiten alter Mythen und Sagen*, Dornach 1999.
38 Jakob Wassermann: *Lebensdienst*, Leipzig 1928.
39 8.6.1906 in Paris, in GA 94 *Kosmogonie*, 2001.
40 Siehe Karl Heyer in der Schlussbetrachtung von *Kaspar Hauser und das Schicksal Mitteleuropas im neunzehnten Jahrhundert*, Basel 1999.
41 Im Aufsatz «Vom Sinn und Wert heilpädagogischer Arbeit», in: Karl König: *Das Seelenpflege-bedürftige Kind*, Karl König Werkausgabe Stuttgart 2008, S. 47.
42 Siehe S. 90 in diesem Band.
43 *Ärzterundbrief*, Stuttgart 5/1948.
44 Leider sind keine Nachschriften erhalten. Andere Vorträge und Aufsätze zu diesem Thema sind in dem Band der Werkausgabe *Das Seelenpflege-bedürftige Kind. Vom Wesen der Heilpädagogik*, Karl König Werkausgabe, Stuttgart 2008.
45 Die Novelle heißt eigentlich *Eine blaßblaue Frauenschrift* und wurde 1941, nach Werfels Flucht aus Wien nach USA, geschrieben.
46 Der für Karl König so wichtige und erste Camphill Saalbau in Murtle Estate, Aberdeen, wurde von König – aus dem Englischen «Hall» – immer «Halle» genannt. Siehe Karl König: *Mensch unter Menschen werden*, Karl König Werkausgabe, Stuttgart 2009, S.40 ff.
47 Von den Nürnberger Vorträgen existieren im Karl König Archiv lediglich seine Vorbereitungsnotizen.
48 Damals gab es in dem Heimatmuseum einen kleinen gesonderten Raum in der oberen Etage, wo Gegenstände Kaspar Hauser betreffend ausgestellt waren.
49 *Die Brücke. Mitteilungen für den Freundeskreis Camphill*, Weihnachten 1971.
50 Die damals übliche Bezeichnung für Kinder mit Down-Syndrom.
51 Siehe Richard Steel: «Motive zum Sozialimpuls Karl Königs» in: Karl König: *Mensch unter Menschen werden. Über die soziale Dreigliederung*, Karl König Werkausgabe, Stuttgart 2009.
52 Siehe auch Peter Selg: *Georg von Arnim: Meditative Aufzeichnungen*, Dornach 2002.
53 Siehe Anm. 32.
54 «Der Seelenkalender kann tatsächlich gesehen werden als ein Initiationsweg, der [...] hineinführt in die Sphäre, in der der ätherische Christus lebt.» Zitiert nach Karl König: *Anleitungen zum Seelenkalender*, S. 15, Karl König Werkausgabe, Stuttgart 2009.
55 Die Nachschrift *Embryologie und Weltentstehung* wurde 1966 im Verlag «Die Kommenden», Freiburg, als Studienmaterial für Ärzte publiziert und ist in Vorbereitung für die Karl König Werkausgabe.

56 Siehe Anmerkung 10.
57 Siehe bei Peter Selg, in diesem Band, S. 96.
58 Zitiert nach Karl König: *Das Seelenpflege-bedürftige Kind. Vom Wesen der Heilpädagogik*, Karl König Werkausgabe, Stuttgart 2008, S. 47.
59 Ansprache vom 15. Oktober 1922, in: GA 217, *Geistige Wirkenskräfte im Zusammenleben von alter und junger Generation*, Dornach 1988.
60 Siehe Anm. 13.
61 Siehe die beiden Bände der Karl König Werkausgabe: *Bilder des inneren Jahres. Imaginative Skizzen zum anthroposophischen Seelenkalender* und *Anleitungen zum Seelenkalender*, beide Stuttgart 2009.
62 Karl Heyer, der diese Aussagen Steiners zusammengestellt hat, hatte sie soweit geprüft, wie ihm möglich war und schreibt von einer «zuverlässigen Quelle». König kannte Heyer als zuverlässigen und gewissenhaften Forscher. Seither ist aber auch ein Manuskript von Ehrenfried Pfeiffer aufgetaucht, in dem von einem Gespräch mit Rudolf Steiner über Kaspar Hauser in Einzelheiten berichtet wird. Unter anderem findet sich dort diese Aussage. Ehrenfried Pfeiffer: *The Task of the Archangel Michael*, Dezember 1946, im Karl König Archiv.
63 Vortrag Rudolf Steiners vom 12.9.1908 in GA 106, *Ägyptische Mythen und Mysterien*, Dornach 1978, S. 131f.

Karl Königs Zeichnung eines Vergleichshoroskopes

1 Alan Thewless aus Pottsdown, Pennsylvania, ist Waldorflehrer und Seiteninstrumentenbauer. Er beschäftigt sich seit vielen Jahren mit Astrosophy und gibt Kurse darüber in USA und Großbritannien.
2 Rudolf Steiner, im Vortrag vom 27.7.1923, Dornach, GA 228.
3 Brief vom Dezember 1971. In: *Practical Approach to a New Astrosophy*. Vol. 2. . Astrosophy Research Center, Meadow Vista, California. 2001.
4 Willi Sucher: *Isis Sophia*, Vol. 2, Seite 191, Astrosophy Research Center, Meadow Vista, California. 1985.
5 Brief, März 1972 in *Practical Approach to a New Astrosophy*. Vol. 3. Astrosophy Research Center, Meadow Vista, California, 2001.

Die Karl König Werkausgabe erscheint seit 2008 sukzessive im Verlag Freies Geistesleben (Stuttgart) sowie in englischer Sprache bei Floris Books (Edinburgh). Sie wird herausgegeben vom *Karl König Archive* (Aberdeen) und berücksichtigt den gesamten, umfangreichen Nachlass Karl Königs – seine sämtlichen Bücher, Aufsätze und Manuskripte, Vorträge und Vortragsvorbereitungen, seine Tagebuch- und Notizbucheintragungen, seine künstlerischen Arbeiten und seine weitläufige Korrespondenz. Die einzelnen Bände der Werkausgabe werden in zwölf thematischen Kategorien publiziert. Es ist das Ziel der Ausgabe, Königs umfangreiches Lebenswerk in systematischer Weise zu erschließen und der Öffentlichkeit bekannt zu machen, eine Arbeit, an der zahlreiche Mitarbeiter aus verschiedenen Ländern beteiligt sind.

Die 12 Abteilungen der Werkausgabe:

1. Medizin und medizinische Menschenkunde
2. Heilpädagogik und Sozialtherapie
3. Psychologie und Pädagogik
4. Landwirtschaft und Naturwissenschaft
5. Soziale Frage
6. Camphill-Bewegung
7. Christentum und Jahresfeste
8. Allgemeine Anthroposophie
9. Zum inneren Schulungsweg
10. Geistesgeschichte und biographische Arbeiten
11. Das künstlerische und literarische Werk
12. Zur Biographie Karl Königs

Karl König Archive
Camphill House
Milltimber | Aberdeen AB 13 0AN
United Kingdom
www. karlkoeniginstitute.org
aberdeen@karlkoeniginstitute.org

Karl König Werkausgabe
Abteilung 2: Heilpädagogik
und Sozialtherapie

Herausgegeben von Peter Selg

237 Seiten, Leinen mit Schutzumschlag

ISBN 978-3-7725-2402-8

Der vorliegende Band vereinigt Aufsätze, Vorträge, Manuskripte, Notizbuchstudien und Briefe Karl Königs, die das Wesen der Heilpädagogik betreffen. Sie eröffnen ein bewegendes Bild dessen, was im innersten Zentrum von Königs medizinisch-heilpädagogischer und sozialer Tätigkeit stand, und sind von großem öffentlichem Interesse – als Bausteine einer humanen Zukunftskultur.

Verlag Freies Geistesleben